NEVER CAUGHT

The Washingtons' Relentless Pursuit
of Their
Runaway Slave,
Ona Judge

Erica Armstrong Dunbar

逃离总统府

华盛顿夫妇对女奴奥娜的追捕

[美] 埃里卡·阿姆斯特朗·邓巴——著

李丹——译

北京大学出版社
PEKING UNIVERSITY PRESS

著作权合同登记号 图字：01-2018-0981

图书在版编目（CIP）数据

逃离总统府：华盛顿夫妇对女奴奥娜的追捕 /（美）埃里卡·阿姆斯特朗·邓巴著；李丹译. —北京：北京大学出版社，2022.1
ISBN 978-7-301-32506-3

Ⅰ.①逃… Ⅱ.①埃… ②李… Ⅲ.①奥娜·贾奇–生平事迹
Ⅳ.① K837.128.5

中国版本图书馆 CIP 数据核字（2021）第 265909 号

书　　　名	逃离总统府：华盛顿夫妇对女奴奥娜的追捕 TAOLI ZONGTONGFU: HUASHENGDUN FUFU DUI NÜNU AONA DE ZHUIBU
著作责任者	[美] 埃里卡·阿姆斯特朗·邓巴（Erica Armstrong Dunbar）著 李　丹 译
责 任 编 辑	李学宜
标 准 书 号	ISBN 978-7-301-32506-3
出 版 发 行	北京大学出版社
地　　　址	北京市海淀区成府路 205 号　100871
网　　　址	http：//www. pup. cn　　　新浪微博：@ 北京大学出版社
电 子 信 箱	pkuwsz@126.com
电　　　话	邮购部 010-62752015　发行部 010-62750672 编辑部 010-62752025
印 刷 者	北京市科星印刷有限责任公司
经 销 者	新华书店
	650 毫米 ×980 毫米　A5　8.125 印张　194 千字
	2022 年 1 月第 1 版　2022 年 1 月第 1 次印刷
定　　　价	50.00 元

献给我的母亲
弗朗西斯·查德尼克·阿姆斯特朗
&
我的丈夫
杰弗里·金·邓巴

写在前面

大约 20 年前，我在档案馆里认识了奥娜·贾奇·斯坦斯（Ona Judge Staines）。当时我正忙于一个关于 19 世纪费城黑人妇女的项目研究，偶然在《费城公报》上发现一则关于逃奴的广告。广告中的这个逃奴名叫"奥娜·贾奇"（Oney Judge），她从总统府逃了出来。我很震惊。我在想我怎么从来没有听说过这个女人？

她身上发生了什么？乔治·华盛顿能追回她吗？我发誓要回到她的故事中去。

我们这些研究和书写早期黑人女性历史的人都知道，在档案中找到我们的主题是多么的困难。被奴役[1]、种族主义和性别歧视经常把这些妇女从历史档案中剔除掉，作为历史学家，我们经常会不满于缺乏证据。早期的历史记录大多是由这样一些人书写的：他们通常是白人，受过教育，掌握权力。幸运的是，奥娜·贾奇·斯坦

---

[1] 我更喜欢用"被奴役"（enslaved）这个词，描述那些被奴役的男人、女人和孩子，因为它将注意力转移到一种非自愿的、强加给数百万人的行动上。然而，在整本书中，为了叙述一致，我选择"奴隶"（slave）这个词。

斯离开这个世界前发出了她自己的声音，而且，幸运的是，时间将揭示关于这个令人难以置信的女人的新信息。尽管她躲藏了半个多世纪，但我相信她也不想被人遗忘。

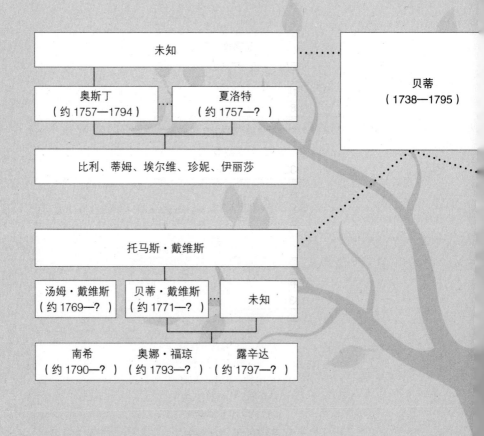

这张家谱显示了目前所知的奥娜·贾奇的母亲贝蒂与其子女，以及他们的后代之间的关系。

奥娜的家谱

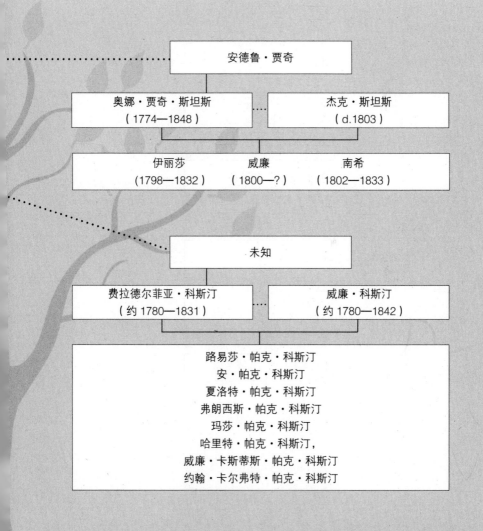

目 录

contents

前　言

1796年，春雨浸透了费城的街道。每年这个时候，"博爱城"的天气往往变幻无常，在极度寒冷和酷热之间来回转换。但在美国的首都*，人们总是很欢迎下雨天。雨水冲去了腐烂的食物、动物粪便和渗透在这个新国家鹅卵石道路上的污秽的气味。它提醒费城人，漫长而寒冷的冬天过去了。它净化了费城的街道和灵魂，带来了乐观、希望和重生。

在这充满希望的春天里，一位年轻的女黑奴奥娜·贾奇收到了一个坏消息：她即将离开费城，这个已经成为她的家的城市。贾奇将回到她的出生地弗吉尼亚州，准备被遗赠给她主人的孙女。

贾奇见证了费城的六个春来秋往。每年春天，她都看着雨水落在这个城市，它正在慢慢地净化它的奴隶制度。她看到，到这个世纪末，自由黑人的数量在迅速增长，有接近6000人。[1]虽然她还是一名奴隶，但她却生活在自由黑人当中，看着黑人小商贩在街上兜

---

* 1790—1800年，费城是美国的首都。——译者注

售他们的水果、牡蛎、胡椒汤和其他的食物。周日早上，她目睹了新成立的"伯特利"教堂欢迎那些人数虽少但日益壮大的黑人会员。她虽没有亲身经历过，但她可能听说过这些事。诸如关于宾州废奴协会这类组织的故事，他们帮助被奴役的男人和女人寻找或保卫他们的自由，甚至远远不止这些。费城代表解放的中心，让黑人男女有机会体验一些伴随着自由身份的福利。

作为费城的一个奴隶，奥娜·贾奇实际上属于少数人。1796年，有不到100名奴隶居住在费城市内。她的奴隶身份把她和费城的大多数自由黑人区分开了，而且她所服务的家庭也很特殊。贾奇归美国第一任总统和他的妻子，即乔治·华盛顿和玛莎·华盛顿所有。

贾奇从弗吉尼亚州乡村的弗农山庄到北部之间的往返旅居开始于1789年，那时她陪同总统一家前往美国第一个首都所在地纽约。1790年11月，美国首都搬到了费城，[2] 在那里，贾奇进入了一个新世界，在这个世界里，她偶尔会在大街上闲逛、逛市场或在没有主人陪同的情况下去剧院看戏。南部蓄奴社会的严格法律难以与自由的费城相融合，所以当她被告知她将被赠予"第一夫人"[3] 那出名的脾气反复无常的孙女时，她做了一个非常危险和大胆的决定：她将逃离她的主人。1796年5月21日星期六，22岁的奥娜·贾奇从费城的总统府里溜出来，再也没有回来。

很少有18世纪的奴隶分享他们作为奴隶以及有关奴隶制的故事。维持人类奴役制度的暴力常常使被奴役的男男女女想要忘记他们的过去，而不是回忆这些经历。对于像奥娜·贾奇这样的逃奴来说，他们必须要保密。逃奴常常会隐藏他们的过去，即使是对他们最爱的人也如此：包括他们的配偶和孩子。有时，被奴役、谋杀、强奸、与家人分离和不断被伤害的噩梦，实在是太可怕而无法言说。但通常是被捕获和重新被奴役的威胁，使那些成功逃脱的人严守秘密。贾奇害怕再次被送回她的主人身边，从而过着一种与世隔绝的隐秘生活。在将近50年的时间里，这个逃亡的女奴一直保守秘密，在她法律上还是奴隶的危险身份下组建了一个家庭，开始了新的生活。她作为逃奴的大部分时间都是在新罕布什尔州的格陵兰度过的，这是一个位于朴次茅斯城外的小社区。

在她生命的最后时光，贾奇做出了另一个大胆的决定：她决定讲述她的故事。她接受了两名废奴主义报纸记者的采访，其中第一篇访谈是托马斯·阿奇博尔德（Thomas H. Archibald）的采访，于1845年5月刊登在《花岗岩自由人》（*Granite Freeman*）上，大概是在她逃走49年后的那一天。贾奇的第二次也是最后一次采访，于1847年元旦刊登在美国最强大的废奴主义报纸《解放者》（*Liberator*）上。贾奇的采访很可能是现存的18世纪弗吉尼亚州逃奴的唯一口述记录。[4] 她的证词可以让我们不仅通过白人废奴主义者和奴隶主的视角，而且通过一个逃奴的声音来了解奴隶制度。

我很荣幸，也很庆幸，能够重新介绍奥娜·贾奇·斯坦斯，这位美国第一总统的逃奴。

一　贝蒂之女

乔治·华盛顿的奴隶清单，1799 年。

1773 年 6 月，不可思议的事情发生了：弗吉尼亚下起了雪。

六月的第一周，通常席卷弗吉尼亚殖民地的酷暑天气并没有到来。这个月的前几天，白天要么是闷热，要么是阴雨连绵。更奇怪的是，6 月 11 日下雪了。正如通常所做的那样，乔治·华盛顿上校坐下来，记录这一非同寻常的天气，他写道："多云，冷空气从西边而来，有雪。"他在日记中继续记录，"备忘录——1773 年 6 月 11 日，雨夹雪伴有冰雹，非常寒冷"。[1]

━◆◈◆━

生活在乔治·华盛顿和玛莎·华盛顿（Martha Washington）的庄园里的男男女女对这场奇怪的雪也非常吃惊，但是非同寻常的天气带来的兴奋，很快被忧虑所取代。对于生活在弗农山庄以及整个弗吉尼亚殖民地的奴隶们来说，破旧的衣服和简陋的奴隶营房使得冬天变成了漫长的噩梦。尽管在酷热的夏天他们也有很多困难，但是冬天却会给他们带来疾病、长期的隔离以及增加的被拍卖的可能。雪上加霜的是，奴隶的贩卖经常发生在年初，这将严冬的一月同对永失所爱的深切恐惧联系在一起。然而，六月的雪只不过预告着一系列糟糕事件的到来。对于 1773 年在弗农山庄劳作的近 150 名奴隶来说，迷信、非洲的宗教信仰以及英国的巫术信仰交织在一起，加重了这一恐惧感。那些不符合自然规律的现象被解释为不祥的预兆，通常会带来干旱、瘟疫和死亡。至于这场雪预示着什么，只有时间会告诉我们答案。

果然，雪下完八天后，玛莎·华盛顿的女儿玛莎·卡斯蒂斯（Martha Parke Custis）的病情就加重了。乔治·华盛顿这位年仅 17

岁的继女饱受疾病折磨，无法控制自己的身体。"帕琪"（Patsy）·卡斯蒂斯自少年时期就饱受抽搐之苦，她很可能得了癫痫。早期的医学水平还远远不够成熟，除了控制出血和清洗以外，没有其他选择。她的父母花了近五年的时间咨询医生，并尝试使用各种药物、改进饮食、锻炼等各种方法，当然还有虔诚的祈祷，但都没有任何效果。

6月19日，在帕琪·卡斯蒂斯和一些被邀请过来的家庭成员于四点结束晚餐时，华盛顿夫妇的信仰受到了考验。虽然很虚弱，但华盛顿的这位继女的身体和精神都看似比前一段时间有所好转。[2]吃过晚餐并与家人安静地谈话后，帕琪告退回她的卧室取一封信。而她未来的嫂子埃莉诺·卡尔弗特（Eleanor Calvert）去看望她时，却看见她重重地摔倒在地板上。人们除了将帕琪抬到床上以外束手无策。不到两分钟，她就过世了。

六月的雪和帕琪的死亡形成了一种不确定的怪异联系。家奴们明白需要比往常更小心翼翼地与玛莎·华盛顿相处，因为这已经不是她第一次失去孩子了。她的两个刚学会走路的孩子死于弗吉尼亚殖民地儿童高死亡率的年纪，而帕琪的离世使得这位备受折磨的母亲只剩下一个孩子。[3]乔治·华盛顿写信给他的侄子，告知了他继女的去世以及他妻子的感情创伤，他写道，"我无须多言，（帕琪的去世）使得我那可怜的妻子极度痛苦"。[4]乔治·华盛顿并不是唯一一位注意到玛莎情绪波动的人。在其府邸工作的女奴们也注意到了备受折磨的玛莎，她们一边小心翼翼地照顾这位悲伤的女主人，一边帮助主人筹备帕琪的葬礼。

然而，当玛莎·华盛顿为痛失女儿而流泪时，一位名叫贝蒂（也被称为黑白混血的贝蒂）的女奴正准备生育自己的孩子。贝蒂生于1738年前后，是一名嫁妆奴隶（dower slave）。也就是说，她是玛莎·华盛顿的第一任丈夫丹尼尔·卡斯蒂斯（Daniel Parke Custis）的财产。作为一位女裁缝和熟练的纺纱工，她是华盛顿夫人最喜欢的奴隶之一，她跟随女主人的时间非常长，甚至始于华盛顿上校与玛莎结婚之前，她目睹了玛莎承受的一系列悲伤。1757年，贝蒂见证了玛莎承受其第一任丈夫去世的痛苦，接下来是她四岁的女儿弗朗西斯（Frances）的去世。她也见证了玛莎如何走出悲伤。当玛莎开始掌控家族生意时，贝蒂继续纺纱织布。这些家族生意包括6个种植园和近300个奴隶，它们促进了弗吉尼亚殖民地烟草经济的发展。随着她第一任丈夫的去世，玛莎已经有了17500多亩土地，成为虽然不是整个切萨皮克地区，但也是弗吉尼亚殖民地最富有的寡妇之一。[5]

在搬到弗农山庄之前，贝蒂在卡斯蒂斯的庄园工作，它位于弗吉尼亚新肯特县的帕门基河沿岸，被称为白宫（White House）。卡斯蒂斯去世两年后，贝蒂得知她的女主人要再婚。她很可能欣然接受了这一消息，因为她女主人的第二次婚姻是很谨慎的，玛莎即将嫁给乔治·华盛顿上校。华盛顿是一位相当富有的地主，也是一位受人尊重的军官和弗吉尼亚殖民地的下院议员。对于华盛顿来说，这段婚姻为他提供了大量财富、一个妻子和一个稳定的家庭，这是他一直没有的。对玛莎来说，她给孩子们找了一位继父，帮助她抚养两个未成年的孩子。她还找到了一个可以与之共度一生的伴侣。然而，当玛莎准备再婚，并搬到一百多英里外的弗农山庄时，一个巨大的转变正等待着她。

对于属于卡斯蒂斯地产的贝蒂和上百名奴隶来说，他们前主人的去世，以及玛莎与华盛顿的再婚，都提醒着他们即将到来的生活的不确定性。一位奴隶主去世后，通常他的奴隶会被出售，用来偿还债务。贝蒂和新肯特的所有奴隶都不知道即将发生什么样的财政转移，谁的家庭将会分离，再不会团圆。对于女奴来说，新主人的道德品质也是一个重要的问题。当华盛顿和玛莎在 1759 年 1 月结婚时，贝蒂大约 21 岁，[6] 正是生育的黄金时期。她不清楚新主人的爱好，或者更重要的是，他是否会占有她的身体。所有即将前往弗农山庄的女奴都担心他们的新主人与奴隶的性关系。[7] 但是对贝蒂来说，更重要的是她儿子奥斯丁（Austin）的未来。奥斯丁大约生于 1757 年前后，当玛莎嫁给华盛顿时，他还是个小孩子。她害怕在奥斯丁未成年之前就失去他，当奴隶主用奴隶的孩子们"交换黄金"的时候，成千上万的奴隶束手无策地站在那里，就像诗人弗朗西斯·艾伦·沃特金斯·哈珀（Frances Ellen Watkins Harper）所写的那样，对他们来说，这将是毁灭性的打击。[8]

在玛莎准备搬到弗农山庄时，她选择了一些奴隶先陪她前往费尔法克斯县。让贝蒂感到欣慰的是，她和奥斯丁被选中一起前往。加上这对最有价值的母子搭档，[9] 一共有 155 名奴隶前往费尔法克斯县，他们于 1759 年 4 月到达目的地。

贝蒂设法做到了许多奴隶母亲无法做到的事：保护了她的儿子。如果奥斯丁在很小的年纪被单独出售，卡斯蒂斯家族将不会获得高额的回报。很可能是这一事实，再加上贝蒂在卡斯蒂斯家庭里的重要地位，最终使得贝蒂在离开这个她称之为家的地方时，能够保证她的儿子跟她一起前往。

当玛莎和她的第二任丈夫在弗农山庄开始新生活时，这个广阔的庄园包括五个独立的农场，贝蒂也很快适应了这里的生活，继续在种植园里纺纱、织布，照顾她的儿子以及组建新的家庭，结交新的朋友。我们尚不太清楚贝蒂在弗农山庄感情生活的复杂性，但是我们所知道的是在奥斯丁出生十多年后，贝蒂迎接了更多的孩子来到这个世界。她的儿子汤姆·戴维斯（Tom Davis）出生在 1769 年左右，汤姆的妹妹贝蒂·戴维斯（Betty Davis）生于 1771 年。不像奥斯丁，这两个孩子都有一个姓"戴维斯"，这个姓氏可能和一位名叫托马斯·戴维斯（Thomas Davis）的白人雇佣纺纱工有关系。[10]

华盛顿夫妇将最有"价值"以及他们最喜爱的奴隶放在屋里。玛莎只允许那些能够清洁主屋墙壁、辛勤工作的奴隶留在屋里，这包括贝蒂，她作为一个裁缝，懂得编织以及昂贵和稀缺织物的染色知识。[11] 贝蒂和一群有天赋的女奴裁缝不仅为主人准备服饰，也为弗农山庄的上百名奴隶缝补衣物。

现如今，1773 年，在贝蒂目睹她的女主人失去了她第一个孩子的十四年后，贝蒂再次目睹她的女主人遭受打击。帕琪的去世让玛莎伤心欲绝，这与贝蒂的好运气形成了鲜明的对比。1759 年玛莎失去小弗朗西斯时，贝蒂正等待着她的儿子奥斯丁的降临。现在，情形几乎完全一样，当玛莎为失去帕琪而悲痛时，贝蒂即将迎接另一个孩子的到来。对华盛顿一家来说，六月雪预示着死亡，而对贝蒂来说，则是另一个信号。就像冬天般的夏日天气一样，它标志着一种非同寻常的生活开始。大约在 1773 年六月雪之后，贝蒂生了一个女儿，名叫奥娜·玛利亚·贾奇（Ona Maria Judge）。[12] 这个小女孩的未来生活将会呈现奴隶制的复杂性、黑人自由的局限性以及许多美国人持有的革命情绪。她将被称为奥娜（Oney）。[13]

像其他女奴一样，每生一个孩子贝蒂的自身价值就随之增长。尽管她将华盛顿称为主人，但是贝蒂和她的孩子并不属于华盛顿。作为一名嫁妆奴隶，从法律上讲，贝蒂是属于玛莎和卡斯蒂斯的孩子们的财产。奥娜·贾奇的出生并没有为华盛顿的金库添砖加瓦，但是她的身体可以算作一种资产，因为她可以为玛莎及卡斯蒂斯的子子孙孙产生更多的收益。

就像贝蒂的其他孩子，奥娜也有一个姓。这源于她的父亲安德鲁·贾奇（Andrew Judge），一位在英国出生的白人。1772 年 7 月 8 日，安德鲁·贾奇通过契约协议来到了美国，他将自己租给了一位来自英国利兹的商人亚历山大·科德拉夫（Alexander Coldelough）。为了换取来到"巴尔的摩或美国任何一个港口"[14] 以及食物、衣物、适当的住所和津贴，安德鲁将自己出租了四年。虽然在 17 世纪初，契约劳工是人口增长的一个主要因素，但在安德鲁·贾奇成为契约劳工的时候，[15] 很少有英国人通过出租自己来换取前往北美殖民地的机会。他为什么来呢？契约协议里从来不会明确写明一个人为何而来，因而我们可以猜测安德鲁可能是为了逃避债务或者贫困的生活。不管原因是什么，安德鲁的解决办法都是选择到殖民地成为一个仆人，这种生活充满了不确定性。

历经漂泊，安德鲁最后在弗吉尼亚殖民地的亚历山大港着陆，华盛顿在这里用 30 英镑购买了他的契约。虽然弗农山庄主要依靠奴隶劳动，但是在那些劳动人口中，也有大量的白人契约劳工。不过虽然白人契约劳工有其自身的优势，但是到 18 世纪末，像华盛顿这样的种植园主经常抱怨白人契约劳工不可靠，他们总是试图逃跑并且非常懒惰。然而，在华盛顿的任何通信中，都没有提及安德鲁·贾奇。事实上，他是一位可靠的裁缝，深受华盛顿的信任，经常在最重要的时刻为他准备服饰。1774 年，他的名字出现在弗农山庄管理者的账本上，他负责制作华盛顿被任命为北美大陆军总司令时穿的蓝色制服。[16] 贾奇还负责为华盛顿的整个家庭制作衣服，这使得他经常到主屋来，在这里他能接触到贝蒂。那时，贝蒂快 40 岁，她结识了这位契约工裁缝。

在当时的弗吉尼亚殖民地，跨种族的恋爱非常普遍，许多混血儿都被算作奴隶。也许贝蒂和安德鲁·贾奇相互打情骂俏，最终开始了一段恋情。或许这两位被束缚的劳动者相爱了。如果这样的情节是真实的，贝蒂可能选择了在她奴役生活中一位最强大的人作为她的爱人。一旦理解了奴隶身份继承这件事，贝蒂就会知道，她生下的任何一个孩子都会承受奴隶制的制约，即她所生的任何孩子都是奴隶。但尽管如此，与安德鲁·贾奇的结合仍旧有助于为他们的孩子以及贝蒂自己争取解放之路。安德鲁最终将通过完成他的劳役协议而成为自由民。如果他存够了钱，他就可以赎回他的后代，还有贝蒂以及她其他的孩子。虽然在近两个多世纪以来的弗吉尼亚，一个白人和一个黑人之间的婚姻结合并不被法律认可，但安德鲁地位的提高最终会使他摆脱契约奴的地位，成为一位自由的、有土地的白人，这也是潜在的权力。安德鲁·贾奇可能并不会迎娶贝蒂，但是如果他爱她的话，他就会试着保护她及其子女免于奴隶制的伤害。

　　然而，爱情或浪漫可能不会把两个受束缚的劳动者吸引到一起。安德鲁·贾奇虽然是个仆人，但却是一位白人，有权力命令或胁迫女奴贝蒂与其发生性关系。我们并不清楚他们之间的关系是否是两相情愿。也许是贾奇跟踪贝蒂，最终迫使她发生性关系。作为一名黑人妇女，她几乎没有能力保护自己不受意外的进攻或性侵犯。不管怀孕的原因如何，奴隶制这一体制都会张开双臂迎接每一个新生的奴隶婴儿。我们所知道的是，他们的结合，不管是短暂的还是长期的，是自愿的还是强迫的，最终导致了一个女婴的诞生。[17]我们也知道，安德鲁承认了他和他女儿的关系，但这并不足以让他留在弗农山庄。

最终，安德鲁离开了，实现了建立在契约劳工协议上的机会。到 18 世纪 80 年代，安德鲁·贾奇住在费尔法克斯县属于自己的家里。[18] 在他家的住户中列出了另外六名居民，其中一人是黑人。安德鲁是否拥有一名奴隶，或者他是否雇用了一位自由黑人在他的土地上生活和工作，这一点尚不确定。从留下的证据可以清楚看出，贾奇离开了弗农山庄和他那被奴役的女儿。也许他试图赎回贝蒂和他的孩子，但被华盛顿一家拒绝。也许贾奇根本不想和一位女奴以及一个混血儿有复杂的关系。贝蒂在与安德鲁·贾奇的这段关系中所孕育的任何希望，如果有的话，也迅速化为乌有，她继续独自在弗农山庄抚养奥娜和她的兄弟姐妹，[19] 包括一个女孩儿费拉德尔菲亚（Philadelphia），大约在 1780 年安德鲁离开弗农山庄之前，继奥娜之后贝蒂又生了这个女儿。

除了将他的孩子留在弗农山庄，安德鲁·贾奇留给他女儿的临别礼物是一个姓以及一个独一无二的名字。奥娜这个名字是非洲语，也是盖尔语，[20] 弗农山庄以及帕门基河沿岸的白宫里的其他奴隶都没有用过这个名字。也许更为特殊的是，她有一个中间名，玛利亚。她独特的名字将她与她的兄弟姐妹以及其他多数在弗吉尼亚殖民地辛苦劳作的男奴女奴们区分开来。

那些负责主屋工作的奴隶都住在马路对面铁匠铺之间的大空间

里，被称为营房或者是家庭住宅。[21] 贝蒂和其他工作在主屋的女人通常需要从日出工作到日落，她们做饭、缝补衣服、清洗、织布以及完成其他的家务工作，而她们的孩子白天大多数都见不到自己的父母。弗农山庄上许多的孩子在九岁到十四岁之间就开始了有组织的劳动，但只要体力允许，他们更多会干一些零活儿。由于非常年幼的奴隶是无用的，有时甚至被认为是麻烦的，他们常常被留在营房里，除了一些年迈的女奴，便没有人看管，这些老女奴不能在田里工作，也不再从事家务工作。

年幼的奥娜有着浓密的头发，皮肤光亮有雀斑，她的大部分时光都是和兄弟姐妹以及营房里其他奴隶的孩子们玩耍。然而，她常常不得不学会照顾自己。奥娜和弗农山庄的其他孩子们都孤独地呼喊着他们的父母，目睹着鞭打和残酷的体罚，甚至可能成为意外火灾和溺水的牺牲品。这些孩子的童年转瞬即逝，[22] 充满了灾难。许多人在成年之前就去世了。奥娜的童年并没有被种植园的灾难所缩短。但当她十岁时被叫到主屋为玛莎服务时，她的童年结束了。

在弗农山庄，有大量的孩子没有和父母生活在一起，这是由奴隶配偶双方的分离造成的。华盛顿可能没有通过出售丈夫和妻子来破坏奴隶的婚姻，但他并不反对把奴隶夫妇分开安置在不同的农场上。虽然他可能并不是故意地破坏奴隶的婚姻，但奴隶业务以及弗农山庄的需求总是第一位的。对于奴隶夫妇和奴隶家庭来说，这意味着他们只有在获得许可的情况下才会见面。

就像其他被奴役的孩子，奥娜·贾奇的童年并没有同父母一起度过。安德鲁·贾奇有着白皮肤的特权以及男性的权力，这使他得以摆脱无薪劳动的生活。贝蒂既没有性别也没有种族优势，她在弗吉尼亚殖民地度过了被奴役的一生，这个殖民地最终将成为一个新国家的奴隶繁殖的中心。奥娜·贾奇从她的父母身上学到了宝贵的经验教训。从她的母亲身上，她学到了坚持不懈的努力；从她的父亲那里，奥娜将会学到，自我解放的决心压倒一切，不管遗弃谁都值得。

二 前往纽约

《乔治·华盛顿总统宣誓就职，联邦大厅，1789 年》

  1783 年平安夜，乔治·华盛顿返回家乡，回到他最爱的弗农山庄，但却已今非昔比。在过去八年半的时间里，华盛顿作为大陆军总司令带领他的同胞浴血奋战，这是一支装备简陋、训练不足的队伍，在这场艰难的战争中，很多人都认为他们会失败。这是一场可怕的战争，持续的时间比任何人预料的都要长。应征入伍的士兵没有足够的鞋子、毯子或衬衫，甚至火药也很难获得。华盛顿将军掌握着十万多人的生命，为了建立一个新的国家，他们同意在新的大陆军中拿起武器，冒着生命危险去战斗。超过三万名美国士兵在战争中丧生，许多人死于直接的战斗，还有一些人因为慢性疾病和感染而丧生，这些疾病和感染在临时医务室和营地医院中肆虐。有些无名之人还以最可怕的方式死去：意外地被同伴枪杀，被陈旧的、不稳定的重型货车压死，或从马上掉下来，或者是意外溺水身亡。由于无法忍受战争的暴力，一些人选择了自杀，独留妻儿面对贫穷和饥饿。

华盛顿将军是位幸运之人。他毫发无损地回到家乡，尽管在这场战争中，他成千上万的同胞死去。虽然他逃过了那些困扰士兵们的伤痛，诸如战火纷飞而导致的截肢、失明以及面部毁容，但他的健康状况并不稳定。他如今已经五十多岁了，但看起来比实际年龄要老得多。

在他返回弗农山庄前的十八个月里，华盛顿目睹了强大的英国军队的崩溃。北美诸殖民地在约克镇出奇制胜后，双方开始在巴黎认真谈判，最终签署了和平条约，英国军队开始撤离北美。华盛顿辞去了他在纽约的职务，前往马里兰的安纳波利斯，在那里他辞去了大陆军总司令一职。在独立战争中，华盛顿只回过一趟家，他渴望回到曾经习惯的生活中去。他想念妻子，渴望回归庄园里的私人生活。这位将军完成了他的任务，期待着与家人和朋友一起度过一个平安的圣诞假期，他带着巨大的荣耀回到弗吉尼亚，因为他做到了人们所认为的不可能的事情：赢得了独立战争。但多数美国人对这个新生的国家都没有信心，包括华盛顿本人。美利坚合众国是脆弱的，它的根基不过是十三个前殖民地花时间形成的一个更为团结的国家。更糟糕的是，这个新国家正处于金融崩溃的边缘。没有外国借贷的话，它就破产了。

华盛顿回到弗农山庄的平民生活是短暂的，即使他尝试过，他也无法从政治中脱身并免于对新生国家的忧虑。当他被邀请作为弗吉尼亚州的代表参加制宪会议时，华盛顿拒绝了。他的朋友和政界熟人用了好几个月才说服这位退休的将军，他必须参加费城的制宪会议。华盛顿虽不情愿但义不容辞，他被全体一致地选为制宪会议的主席，制宪会议创造了这个新国家的宪法——但是没有人知道它能否正常运行。

华盛顿离开费城回到弗农山庄时深感忧虑。他回避谈论成为美国第一任总统的可能，避开有关他的想法的任何问题，否认了他有领导新国家的愿望。但是，一旦国会确定了总统选举的时间表，华盛顿就必须将自己的想法告知别人。1789 年 1 月，总统选举人被选出，大选将很快进行。华盛顿派他信任的秘书托拜厄斯·利尔（Tobias Lear）前往纽约，在这个将成为美国第一个首都的城市，建造和准备良好的居住设施。在来自其朋友和其他政治家的巨大压力和安慰下，华盛顿下定决心，如果当选为美国第一任总统，他将接受这个职位。

⋯✠⋯

1789 年 4 月 14 日，大陆会议秘书长（secretary of the Congress）查尔斯·汤姆森（Charles Thomson）骑马来到弗农山庄。汤姆森的任务是通知将军，他获得了所有的 69 张选举人票，被一致推选为合众国的总统。[1] 汤姆森大声朗读了一封由参议院临时议长，来自新罕布什尔州的约翰·兰登（John Langdon）撰写的信：

> 我很荣幸地通知阁下，您被一致推选为美利坚合众国的总统。先生，请允许我许下希望，公众的信任得到您的认可，这是多么幸运，您将得到一个自由和开明的民族的喜爱和支持。[2]

对华盛顿来说，这封信证实了他的生活将不再是原来的样子，它引发了一系列事件，这些事件不可逆转地改变了华盛顿夫妇的生活。在从理查德·康维（Richard Conway）上校那里借来 600 加元后，华盛顿总统准备马上前往纽约。就像这个新国家一样，华盛顿囊中羞涩。欠收和拖欠税款使得这个新国家的总统陷入财政困境。他需要借钱（以 6% 的利息）来维持弗农山庄的运转，并为他前往纽约提供旅费。所有这些都沉重地压在了当选总统的身上，他写道："我正在做我从来没有想过会做的事情——那就是支付利息来借款。"[3]

华盛顿总统担心他日渐衰败的种植园，对搬迁到北部深感不安，也对这个脆弱的新国家有很多不确定，他在前往这个国家的首都所在地纽约时，心里装着很多事情。但他并不是唯一一位担心离开弗农山庄的人；还有其他人会和总统及其家人一起离开，他们在这件事上别无选择。7 个奴隶将陪伴华盛顿一家前往纽约，包括 16 岁的奥娜·贾奇。[4] 对未知世界的恐惧，与亲人的分离以及被迫搬迁使得这些即将前往纽约的奴隶感到大难临头。但这些奴隶的忧虑和担心并没有受到新总统的关注。

因为急切希望维持这个新国家的运转，华盛顿于 4 月 16 日前往纽约，搬家的大量工作留给了玛莎，她在之后不久也前往纽约。在华盛顿离开之前，他为弗农山庄挑选了代理男主人和女主人。总统的哥哥查尔斯（Charles）的长子乔治·奥古斯丁·华盛顿（George Augustine Washington）是一位地产经理人，已经居住在弗农山庄，他是他叔叔最适合的代理人。他的妻子范尼·巴赛特（Fanny Bassett，玛莎姐姐的女儿）将处理所有和庄园运作有关的事情，[5] 也通过信件和华盛顿夫妇密切联系。

总统的日记里充满了恐惧、遗憾和忧虑。他写道，他从弗农山庄出发，不是以一位著名的将军，而是一位犹豫不决的普通人的姿态来迎接新挑战。"大约十点，我告别了弗农山庄，[6] 告别了私人生活以及幸福的家庭；我心中的焦虑和痛苦难以言表。"他甚至怀疑他已经接受的这一事业。华盛顿解释说，他有"最好的秉性服从国家的召唤，为她服务，但是他对于这个国家的未来却感到希望渺茫"。[7]

华盛顿的北上之旅穿过费城，[8] 在这里有近两万人聚集在街上夹道欢迎新总统。人群的欢呼无法抵消他旅途的艰辛；泥泞的道路和不断的庆祝活动减缓了车队的前进速度。等华盛顿抵达纽约时，他只希望尽可能做到不声不响地进入这个城市，开始领导这个新国家的工作。华盛顿给纽约州州长乔治·克林顿（George Clinton）写信说："我真诚希望，向您保证，没有比安静地进入市内，不要任何仪式更好的了。"[9] 尽管州长安排总统住在他的家里，直到第一家庭（first family，这个更现代的术语在 18 世纪并未出现）的新住宅准备好，华盛顿却拒绝了这一邀请，他认为这样做不太合适。总统打算"租所房子，或住在客栈"，[10] 一直到华盛顿一家的新房装修好。就在他到达纽约的前一周，国会为新总统在当时纽约东北部的第 3 樱桃街[11] 租了一所房子，这个住所离现在的布鲁克林大桥很近。

华盛顿在纽约开始了领导这个新国家的工作，这个城市与他弗农山庄的家乡大不相同。到 18 世纪 80 年代末，纽约成为美国的第二大城市，约有三万人口，[12] 它是典型的美国都市。这座城市开始变得富裕，遍地财富，同时又保持着一种狭小的格局，这使得它的公共空间具有多样性。各行各业的人发现自己在鹅卵石铺成的街道上开展业务。男人、女人、白人、黑人，不管是奴隶还是自由黑人，都居住在城市内，给这座繁华的商业港口城市增添财富。纽约的街道[13] 是危险的，也是充满机遇的，但也可能是崎岖的。

1789 年 4 月 30 日，乔治·华盛顿总统宣誓就职，并在纽约联邦大厅的露台上发表了就职演说。很显然，他的妻子缺席了就职典礼。在独立战争中，当华盛顿带领美国人反抗英国时，将军夫人曾去看望她的丈夫，但她现在只想待在家乡，她埋怨她的丈夫答应接受公职，带他们远离了弗吉尼亚的家乡。

就华盛顿而言，虽然在过去的十年里有很多时间他与妻子分离，但这并不是他的意愿。新总统希望妻子在他身边，他想知道第一夫人还有多长时间才能到达纽约。当然，华盛顿夫人花了不少时间。她没有立即启程前往纽约，而是依然待在弗农山庄，试图适应她未来的新生活，这将使她远离弗吉尼亚的家乡很多年。对于搬家到这个国家的首都，她非常犹豫不决，也不开心，[14] 她向她的闺蜜表达了这种不满，并故意拖延时间。连总统信任的秘书也参与了此事。5 月 3 日，托拜厄斯·利尔写信给乔治·奥古斯丁，信中描述了总统在樱桃街的新家，并提供了一些信息，劝说华盛顿夫人赶快到北部来。利尔写道，他们已经聘请了"布莱克·萨姆（Black Sam）作为管家和厨房管理者，他是一位非常优秀的厨房管家"。[15] 利尔知道第一夫人喜欢海鲜，所以他报告了主厨的烹饪技巧，希望这会促使"第一夫人赶快出发到纽约来"。总统的秘书明确表示，大家都在等待第一夫人的到来；他写道，"我们非常渴望在这里见到她"。[16] 在说服玛莎相信他们有多么期待她这一点上，利尔非常尽职。

弗农山庄的奴隶们非常清楚他们的女主人并不开心，他们不得不把这一点列入他们的忧虑清单。尤其是奥娜·贾奇，作为最受欢迎的家内奴隶之一，她负责照顾女主人的生活需要，无论是在情感上还是在身体上，她都必须抚平第一夫人的深切悲伤、怨恨和失望，以及她对即将搬迁纽约的恐惧。

年轻的奥娜·贾奇并非是一位有经验的旅行者。这位少女只了解弗农山庄及其周围的环境，从未远离过家人和亲人。对贾奇来说，这一搬迁举动肯定和走上可怕的拍卖台类似。虽然她没有被卖给不同的主人，但她即将被迫离开她的家庭，前往几百英里之外的一个陌生的地方。贾奇别无选择，只能控制她的恐惧，继续做搬家的准备工作。她折叠床单，打包玛莎·华盛顿的裙子和配饰，并帮助华盛顿的孙子们，这是她的手头任务，容不得她抱怨或质疑。贾奇必须保持坚强和镇定，如果不是为了她自己，也是为了她的女主人，因为女主人已经近乎崩溃了。像贾奇一样，玛莎也无法选择而必须要搬去纽约。她的生活需要追随着她丈夫的方向发展，而她的丈夫现在是这个国家最有权力的人。玛莎·华盛顿和奥娜·贾奇可能也有类似的担忧，但当然只有玛莎才可以表达不满和悲伤：每个人都知道玛莎·华盛顿不高兴，包括她这位受惊吓的奴隶。

总统的侄子罗伯特·刘易斯（Robert Lewis）也很快意识到这一点。当他于 5 月 14 日抵达庄园时，这里一片混乱。刘易斯曾在 1789 年至 1791 年间担任华盛顿的秘书，他被选中护送他的伯母和她的孙子孙女前往纽约，但当他到达庄园看到一派疯狂而又忙碌的场景时，他感到惊讶并有点担心。刘易斯写道，"一切似乎都是混乱的"，[17] 这也是华盛顿夫人矛盾情感的表现。

罗伯特·刘易斯描述了第一夫人及其奴隶在 1789 年 5 月 16 日离

开弗农山庄时的动人场景：

> 早早地结束晚餐并做了所有必要的安排之后，我们的行程
> 已经大大推迟了，最终我们在下午三点离开了弗农山庄。庄园
> 的仆人和田地里的大量黑人〔原文如此〕都出来告别——送别
> 他们的女主人——这些可怜人似乎受情绪感染，非常激动——
> 我的伯母也同样如此。[18]

奥娜·贾奇的母亲贝蒂一定是那些悲伤的奴隶之一。她不仅即将失去 16 岁的女儿，还失去了她的儿子奥斯丁，他将成为华盛顿一家的侍者。奥斯丁的妻子夏洛特（Charlotte）[19] 和他们的孩子也参加了送别仪式。贝蒂看着她的孩子们离开了弗农山庄，这暗示着身为奴隶的母亲对孩子的生活是多么无能为力。唯一值得她安慰的，那就是兄妹俩可以一起出行。奥斯丁是男孩且年纪更长，可以照顾他的妹妹。尽管如此，贝蒂知道她和孩子们的关系将就此改变了。

这位悲伤的母亲并不是唯一一位看到女主人离开时感到恐惧的奴隶。弗农山庄的每个奴隶都知道，事情正在发生转变。华盛顿夫妇远在千里之外，他们的命运现在掌握在乔治·奥古斯丁及其监督者的手中。弗农山庄的奴隶们还会被体面地对待吗？他们的工作性质会改变吗？如果会，将是怎样的改变？生活的不确定性和家庭成员的被迫分离都在提醒弗农山庄的每一位黑奴，奴隶制度使得他们

无能为力。

然而，并不是每个人都对北部的生活感到不安。对那些被挑选出来陪伴华盛顿一家搬迁的奴隶们来说，前往北部也可能激起了一些希望或兴奋的感觉。在许多北部州，自由和机会正在浮现，这些州的自由黑人人口在不断增长。关于北部黑奴解放的新闻传到了南部信息贫乏的奴隶社区，经常促使一些奴隶不顾一切危险试图逃跑。通过渐进的废奴法律，宾州和马萨诸塞州的奴隶们已经打破了奴隶制的枷锁，而纽约的奴隶们正在为获得解放而奋斗。就在一年前的1788年，康涅狄格州和马萨诸塞州禁止居民参与奴隶贸易，但纽约却颁布了一项新的全面的奴隶法，[20] 这一法律使目前所有被奴役的黑人都将终身为奴。

我们不可能知道弗农山庄的奴隶们是否熟悉北部正在变化的法律细节，毕竟一个州的法律和另一个州的法律不同，但可以肯定的是，贾奇目睹了奴隶逃跑的行为。那些成功逃脱弗农山庄的奴隶提醒着其他奴隶们，除了奴隶的非人性化体验，还有其他的选择。当然，自由是有风险的，在没有特别谨慎规划的情况下，奴隶们从来没有考虑过逃跑，但是，也许纽约之行会给弗农山庄的奴隶们带来从未想象过的机会。也许生活在纽约会更好，也许他们能找到自由之路？当奴隶们思忖着迁往纽约可能对他们意味着什么时，他们也就不那么伤感了。一个奴隶不能显得太精于算计或太有策略，没有人想吓唬华盛顿一家，尤其是非常脆弱的玛莎·华盛顿。

总统夫妇都清楚地意识到奴隶制在北部大多数州已经受到了攻

击。他们也知道，尽管纽约的居民仍然坚持维护奴隶制，但公众对奴隶制的看法正在改变。[21] 而总统和第一夫人甚至不愿意考虑放弃使用黑人奴隶，他们从弗农山庄认真挑选了一些奴隶跟随他们一起到达纽约。他们的选择只涉及那些被视为"忠诚"的奴隶，因为这些奴隶不太可能试图逃跑。当然，家庭服务的技能也是必不可少的。

总统的贴身仆人威廉·李（William Lee）挤在向北行进的奴隶队伍的前面。他是华盛顿的首席奴隶，比弗农山庄的任何奴隶都更了解总统。威廉·李出生于大约 1750 年，乔治·华盛顿购买他时，他尚是一名少年。[22] 与另外三名奴隶一起被出售的威廉·李获得了男管家的地位，部分原因是因为他的肤色。华盛顿认为混血奴隶更有吸引力，也更聪明，他更愿意购买"黄皮肤"的奴隶。李得到了良好的衣服，并从年长的、经验丰富的家奴那里学会了照顾主人的技巧。他尽忠职守，为他的主人梳洗更衣。[23]

华盛顿的这位男仆也因擅长骑马而闻名，这是他主人非常喜欢的运动。这位可靠的奴隶被称为"勇敢的骑士"，[24] 他"强壮，有巨大的骨骼和肌肉"。华盛顿和威廉·李每周都会去骑马，形成了主人和奴隶的一种最亲密的关系。当华盛顿宣布他将接受总统职位并搬到纽约时，威廉·李决定和他一起去。威廉·李曾经到过北部——不过是在 15 年前费城的大陆会议时，而非在纽约。那些美好的回忆一定促使他想要回到北部，因为在他第一次在北部逗留期间，他发出了自己的声音，并找到了深爱之人。

虽然我们对威廉·李在北部的第一次经历一无所知——除了华

盛顿给他买了新衣新鞋——但我们可以推测这次旅行改变了他。在离开弗农山庄之前，华盛顿一家经常称李为"比利"（Billy）。华盛顿经常在他的账簿里把李列为"我的儿子比利"，但是李从北部城市回来后有了一个恰当的名字，他自己选择的名字。华盛顿写道，他那被奴役的仆人开始"自称为威廉·李"。[25] 很可能是北部革命的话语和黑人自由的开端影响了李，给了他动力，让他放弃"比利"这个绰号，并将他的姓氏和他出生的种植园联系在一起。在那次费城之旅后，威廉·李不仅给自己取了名字，而且是公开地把自己和其前主人联系在一起，他一定认为其前主人就是他的生父。

然而，正是他与费城的一位自由女黑人玛格丽特·托马斯（Margaret Thomas）的相遇和结婚，改变了李的生活。这对夫妇请求把他们放在一起，玛格丽特·托马斯做了一个奇怪且危险的决定，要和她心爱的人一起搬到南部去。虽然奴隶的婚姻并不受弗吉尼亚的法律保护，但华盛顿同意了他们的请求，允许托马斯搬到弗农山庄与李一起生活。[26] 接下来发生的事情就不得而知了。没有书面证据证明李和托马斯一起住在弗农山庄，因为作为一个自由女黑人，她不可能出现在华盛顿的账簿上。也有可能她去世了，或者是离开了李。更有可能的是，托马斯改变了主意，不愿意放弃她在费城的稳定生活，而到弗吉尼亚过一种不确定的生活。离开费城后，托马斯将会走进满是奴隶的南部，将她的自由身份置于危险之中。在这种情况下，也许爱情并不够强大，足以与自由抗争。因此，李和一名自由女黑人相爱的机会，以及拥有自由身份的继承人的未来破产了。尽管如此，他的这一经历一定给他留下了深刻的印象，而且他渴望，并下定决心要和他的主人一起到纽约去。

然而，由于他的健康状况不佳，他迫切想去纽约的愿望即将流产。1785 年 4 月，李在一次测量探险中受伤，"摔坏了膝盖"。[27] 他只能拄着拐杖或用一个手杖蹒跚而行，并且通过酗酒来缓解持续不断的疼痛。在三年后三月份的一个寒冷的下雪天，李被派去到亚历山大港取信件。在这次差事中，行动不便的李再次跌倒，这一次摔碎了另一个膝盖。他的身体彻底垮了，也失去了用处。李成了一个残疾人，不能再完成需要他走路或者移动的任务。在他三十多岁的时候，李被降职为一个鞋匠。幸运的是，尽管李不能再履行一位受人尊敬的贴身男仆的职责，华盛顿对他忠实的奴隶依然有一种亲近感，并同意把他作为其奴隶团队中的一员带到纽约。因此，威廉·李和华盛顿及其助手托拜厄斯·利尔和大卫·汉弗莱斯（David Humphreys）一起开始了前往美国首都的旅程。不过就在李马上要实现在另一个北部城市生活的梦想时，他再次经历了挫折。他远远落后于总统其他随从的行进速度。由于无法跟上紧凑的旅行节奏，他被留在费城看医生，直到康复为止。1789 年 6 月 22 日，在华盛顿到达纽约后的两个多月，李装上了支架，到达纽约。

同样加入第一家庭的另外两个奴隶分别是贾尔斯（Giles）和帕里斯（Paris）。与威廉·李一样，贾尔斯和帕里斯曾到过弗吉尼亚殖民地以外的地方，他们在 1787 年陪同华盛顿参加了制宪会议。在弗吉尼亚的乡村之外，他们是华盛顿一家的马车夫，驾驶总统乘坐的四轮马车，这是一项需要快速熟悉纽约街道的任务。通过这个工作他们证明自己是可靠的。作为不识字的奴隶，这些人必须依靠口口相传，与纽约的马车夫快速建立友谊，以了解该城市的地理布局。这并不会太难。首先，他们都为独立战争时期的荣誉指挥官服务。他们很幸运地发现其他黑人也在履行同样的职责。在纽约，黑人马夫和男仆被乡绅视为财富的象征。[28] 因此，华盛顿一家就可以在远离弗农山庄的纽约依然时髦地保持弗吉尼亚的风俗习惯。

总统意识到其奴隶的形象，尤其是像贾尔斯和帕里斯这样的奴隶，是城市财富的象征。他调查了他们的衣着习惯和着装，要求他的秘书在他们的服装被磨损或破损时为他们购买新装。华盛顿认为贾尔斯和帕里斯所戴的帽子是不合时宜的，他甚至写信给托拜厄斯·利尔："因此，我要求你们必须制作两顶帅气的帽子，顶上的流苏要比旧帽子上的更多更华丽。"[29] 贾尔斯和帕里斯需要让自己看起来更体面，因为华盛顿的形象取决于他们的形象。

奥娜·贾奇同母异父的哥哥奥斯丁以及威廉·李的侄子克里斯托弗·舍尔斯（Christopher Sheels）也在纽约为华盛顿服务，分别担任侍者和管家。这些人无疑已经习惯了 18 世纪的南部礼仪，他们不仅被视为可靠的奴隶，而且在北部一个新的社交圈里也很体面。他们很有可能是由体弱的威廉·李训练的，李比任何其他奴隶都更了解他主人的喜好。李将充当弗农山庄移植的机构记忆，在如今繁忙的纽约生活中，他是弗吉尼亚缓慢而稳定的过去的象征。

克里斯托弗·舍尔斯是一名出生在大革命时期的嫁妆奴隶，大概生于 1774 年。与奥斯丁一样，他属于帕克·卡斯蒂斯家族继承人的遗产，并不是华盛顿的私人奴隶。就像奥娜·贾奇一样，他很年轻，世代为奴，这使他成为最受信任的家奴之一。研究弗农山庄的历史学家玛丽·汤普森（Mary Thompson）认为，舍尔斯是弗农山庄少数能识字的奴隶之一。这项技能在新首都肯定会很有用。奥斯丁比舍尔斯和贾奇年长，他既成熟又可靠。

被安排去纽约的女奴隶只有奥娜·贾奇和一位 50 岁的女裁缝。贾奇和莫尔（Moll）将担任第一夫人的女佣和私人侍从。贾奇会清理第一夫人的浴室，准备她的就寝衣物，梳理她的头发，在她生病的时候照顾她，有社交活动时，贾奇会和第一夫人一起穿过整个城市。莫尔负责照顾华盛顿夫人的孙子们，为他们擦去鼻涕，安抚那些被噩梦惊醒的焦虑的孩子们，并确保华盛顿一家的孙辈们衣食无忧。除了完成华盛顿夫人的命令，贾奇还会帮助莫尔做所有她要做的事情。这两个女人每天都在女主人的仔细监护下工作。这种被奴役的家庭生活充满了折磨和不断的需求。对她们来说，远离男女主人的私人时间几乎是没有的。

华盛顿夫人走了一条与她丈夫相似的路线，先到达费城，她在那里进行了几次社交访问，在前往纽约前短暂地休息了一下，这引起了不小的轰动。贾奇目睹了一名骑兵和仪仗队在市郊迎接他们，欢迎华盛顿夫人和她的随行人员到达费城。当第一夫人拜访她的老朋友，著名的金融家罗伯特·莫里斯（Robert Morris）的妻子玛丽·莫里斯（Mary Morris）[30] 时，贾奇负责照顾她的女主人，并开始适应北部生活的新节奏。他们离纽约还有几天的路程，但在费城的日子标志着一个重要的转变。费城是贾奇第一次接触北部，这是一个令人振奋的地方，奴隶和自由黑人在这里聚集在一起。不可避免的是，贾奇对她所见的自由黑人感到困惑，同时也为之兴奋，因为这是她从未见过的。

在这个不断发展的城市里生活和工作着将近 44000 人，费城到处都是人。在这个被称为博爱城的城市里，有将近 300 名奴隶仍然被拴在奴隶制度上，虽然他们属于少数。1789 年 5 月，当贾奇来到这个城市时，费城居住着将近 1800 名自由黑人，[31] 几乎是其奴隶人口的五倍多。费城出版商发行的早期反奴隶制作品迫使该市的居民通过新的视角来看待奴隶制。当贾奇到费城时，最著名的废奴主义船只海报《一艘奴隶船的说明》（*Description of a Slave Ship*）已经问世。这幅 18 世纪的海报 [32] 揭露了非洲奴隶制的残暴和野蛮，给所有对跨大西洋奴隶贸易感兴趣的人形成了一种视觉冲击。

就在贾奇到达费城的这个月，印刷工人马修·凯瑞（Matthew Carey）为新近重组的促进废除奴隶制和救济被非法奴役的自由黑人的宾州协会制作了这幅船只海报——该协会即后来著名的宾夕法尼亚废奴协会（Pennsylvania Abolition Society）。这幅画描述了一艘贩奴船只的结构，描绘了非洲人是如何被无情地锁在奴隶船上的，且不论空间和卫生条件，更不用说仁慈了。这幅船只海报促使贵格会不断地谈论奴隶制的罪恶。这也提醒了宾夕法尼亚人，下定决心在其州内废除奴隶制。一些最受尊敬的费城政治家们加入了这场改革运动，释放男性、妇女和儿童，让他们从永久的奴隶制束缚中解放出来，这些人甚至包括本杰明·富兰克林这样的前奴隶主。

富兰克林和许多其他费城的白人一样，花了一些时间接受并支持废除非洲奴隶制度。在独立战争结束时，富兰克林停止了与人口贩子的联系。他曾拥有一些奴隶，这些奴隶大多在服役期间逃跑或死亡了，1787 年，他成为宾夕法尼亚废奴协会的主席。同年，在贾奇来到费城的那一年，富兰克林写了几篇文章，[33] 支持全国废除奴隶制。玛莎·华盛顿在费城短暂停留期间，一定会避免接触像富兰克林这样的人。她对在弗农山庄释放奴隶没有兴趣，因为那里有数百名奴隶。相反，她加快行程，以加入她在纽约的丈夫的行列，保护她的奴隶免受自由的熏染。

当贾奇开始熟悉北部的生活时，专业的天文学家和非裔科学家本杰明·班纳克（Benjamin Banneker）对日食的预言成真了。尽管在北美的天空中看不到全环食，班纳克预言了这一事件，这让他的白人同伴们大吃一惊。在古代，人们害怕太阳的阴影，这意味着死亡或一个时代的结束，在许多方面，这对那些身在费城的奴隶来说也是正确的。1789 年 5 月 24 日星期天，月亮吞并了太阳。[34] 第二天，来自弗农山庄的一行人离开了费城，[35] 前往纽约，这标志着这位年轻的女奴开启了崭新的生活。

三 黑白混合的纽约

> For Sale,
>
> A LIKELY, HEALTHY, YOUNG
> NEGRO WENCH,
>
> BETWEEN fifteen and sixteen Years old:
> She has been used to the Farming Busi-
> nels. Sold for want of Employ.——Enquire at
> No. 81, William-street.
> New-York, March 30, 1789.

"纽约奴隶出售"

　　逃奴藏匿于 18 世纪的城市中，在人群中不露身份。在纽约，一位名叫莫利（Molly）的逃奴正在寻找家务活，她和她的新朋友们待在一起。她一生都在逃避奴隶贩子或法律专员的追捕，他们都急于声索她黑皮肤的身体。我们不知道莫利从哪里来，也不认识她的家人，如果有的话，她也将他们抛弃了。但我们知道，她选择了纽约作为她的藏身之所，这个城市仍然坚持实行奴隶制，但却给黑人提供了一些机会。然而，莫利的谨慎小心却不足以使她逃避一位当地巡警的追捕，因为后者有一切方法捍卫并遵守新国家的宪法。巡警也有责任逮捕那些逃跑的奴隶，并确保将奴隶财产归还给其合法的主人。莫利必须重新回到奴隶制度下。

也许她和那名巡警打了一架，但却没能成功。这名巡警很强壮，最终他把她拖到河边上了一艘船，这艘船会把莫利送回她的前主人身边。当她面对逃跑的失败，并意识到即将重新被奴役时，恐惧和愤怒交织在一起。当这位巡警走近船，准备把他刚发现的奴隶装上船时，一群男子，白人男子出现了。劳伦斯·埃姆布里（Lawrence Embree）是其中一名下决心挽救这位逃奴的白人，他是纽约的一名律师，也是纽约奴隶解放协会（New York Manumission Society）的成员。他们用身体挡在巡警面前，"抓住他"，拒绝让他执行他的奴隶抓捕任务。当埃姆布里和他的朋友们阻挡巡警的时候，莫利逃走了。她暂时安全了。埃姆布里却将面临阻碍警察执法的指控，[1] 不过检察官最终撤销了指控。

来援救莫利的这些人只是一小群准备结束奴隶制度的纽约人。就在几年前，这些有影响力的人聚集在一起，建立了纽约奴隶解放协会，开始了说服纽约人逐渐释放奴隶的艰巨任务。作为纽约黑人的重要盟友，纽约奴隶解放协会致力于阻挠躲藏的奴隶捕手和阻止公开销售奴隶。这些人向逃奴提供法律援助，并为黑人儿童开设了几所非洲人自由学校（African Free School）。[2]19 世纪一些最著名的黑人领袖都曾在非洲人自由学校接受教育，其中包括亚历山大·克伦梅尔（Alexander Crummell）、亨利·海兰德·加内特（Henry Highland Garnet）和詹姆斯·麦丘恩·史密斯（James McCune Smith）。[3]

当早期的纽约改革者挑战黑人奴隶制度时，自由黑人也在努力改善自己的生活。那些聚集在西非社会传统中的黑人男性组成了非洲协会（African Society）。为了保密，该协会的成立日期并不为人所知；然而，很明显的是，在 1784 年诗人朱庇特·哈蒙（Jupiter Hammon）受邀在该组织进行演讲时，非洲协会已经成立并运作。这个活跃且有影响力的黑人组织为 19 世纪的政治和社会组织铺平了道路，这些组织专注于非裔美国人的自由和奴役问题。[4] 最终，非洲协会在众多目标中选择为黑人的丧葬权利而战。1788 年，在乔治·华盛顿抵达纽约的前一年，黑人居民发现了白人医科学生的可疑做法：在需要尸体解剖和研究的时候，白人学生突袭了黑人的坟墓，[5] 将尸体转移用作研究，之后将尸体留在了码头的袋子里。被激怒的黑人聚集在一起，请求市议会（Common Council）终止医科学生的这种做法，非洲协会为保护死者的权利和对黑人身体的尊重而进行的斗争贯穿了整个 18 世纪 90 年代。

援救莫利的这群白人改革者和那些为黑人丧葬权而斗争的人几乎都面临着不可逾越的障碍。莫利的获救是一场胜利，但奴隶制在纽约还将持续存在几十年。也许正是因为纽约在法律上捍卫奴隶制，新总统才可以放心地把他的蓄奴风俗带到他北部的新住宅。

━━✕━━

5 月 27 日，乔治·华盛顿在新泽西州的伊丽莎白镇见到了他的家人和奴隶，在那里他们受到的欢迎程度几乎和总统一样。贾奇在玛莎的随行人员中，[6] 当他们穿过河流到达曼哈顿的时候，她很可能一边帮助玛莎，一边照顾华盛顿的孙子们：埃莉诺·帕克·"奈利"·卡斯蒂斯（Eleanor Parke "Nelly" Custis）和乔治·华盛顿·帕克·"沃什"·卡斯蒂斯（George Washington Parke "Wash" Custis）。在不到两周的时间里，奥娜·贾奇从弗吉尼亚州的一名乡村奴隶转变为这个新国家中最引人注目的女奴之一。华盛顿一家很快就熟悉了这个城市的社会和政治权势人物，这些人到总统家里闲逛和玩乐，还带着他们的奴隶。这是一种全新的生活，但华盛顿一家也及时调整并适应了这个新环境。玛莎·华盛顿广交新友，沉浸在第一夫人的新角色中，其任务包括管理总统住宅，就像管理远方的弗农山庄一样。

尽管私人信件显示玛莎·华盛顿不断与她的新身份做斗争，但关于奥娜·贾奇这位不识字的少女，却没有留下任何记录。我们只能想象贾奇对北部生活的转变是什么样的感觉，它一定是让人感觉可怕的，或者至少是不稳定的。

然而，这位年轻的女奴像一名经验丰富的奴隶一样，应对着突如其来的变化。贾奇适应了她在纽约的新生活和工作，这是一种没有多少感情安慰或亲密感的例行公事。她的新角色是玛莎·华盛顿的头号仆人，这使得她要随时等候差遣。这位年轻的奴隶是玛莎"最信赖的女孩"，因为她几乎什么都能做。在玛莎要做任何事情之前，理解女主人的意愿也是贾奇的职责。她必须随时待命。

贾奇的任务是各种各样的。她出身自一个有才华的女裁缝家庭，负责玛莎·华盛顿的衣着。她为第一夫人挑选礼服，对旧裙子缝缝补补，去掉衣服上的食物污渍或者是来自没有铺好的街道上的泥土，然后给她穿上。对于第一夫人来说，挑选服装这一看似普通的任务实际上非常重要。服装是一个人外表的体现，女主人和她的女奴塑造了新的美国贵族形象。[7] 尽管第一夫人还远未脱俗，但她的弗吉尼亚生活方式在她居于纽约期间得到了改善。华盛顿一家是个先例，本国人民和外国人检视他们公开的举止和日常生活。樱桃街的生活更加国际化了，因为有严格的社交日历，第一家庭的成员发现他们逐渐适应了这个忙碌的城市。

当华盛顿夫人到达樱桃街时，[8] 她发现这里的住房条件是可以接受的，她写道："他所住的房子非常好，而且为将军提供了全新的设备。"它就在离乡下几个街区的地方，会让第一夫人想起弗农山庄，它面对东河，有三层楼高、五扇窗户宽。这栋楼是从律师萨缪尔·奥斯古德（Samuel Osgood）那里租来的，每年租金 845 美元。在总统和他的家人到来之前，需要大量的钱来翻新房子。这栋楼类似于 18 世纪其他纽约精英的住宅，房子里有 7 个壁炉，院子里有比较现代的抽水马桶和蓄水池。为了总统能住得舒适并且便于处理商业事务，房间被扩大和改建了，[9] 有一个更大的客厅招待客人，还有更大更舒适的马厩和洗衣房。一楼有一间正式的、适合接待和晚宴的大餐厅以及一间更小、更私密的餐厅。上面的二楼是为家庭成员准备的客厅和卧室。三楼有秘书们的两间卧室，其余的房间和阁楼都由仆人和奴隶共享。[10]

　　然而，即使做了扩展和改变，樱桃街的房子还是很挤的。除了总统和第一夫人外，这里还住着他们的两名孙子、七名奴隶（威廉·李在六月晚些时候到达），还有更多的工作人员。乔治·华盛顿的私人助理托拜厄斯·利尔[11] 和另外四名秘书——大卫·汉弗莱斯、威廉·杰克逊（William Jackson）、托马斯·小尼尔森（Thomas Nelson Jr.）和华盛顿的侄子罗伯特·刘易斯也都住在樱桃街这里。

　　贾奇和她的 6 个奴隶伙伴绝对没有办法完成总统家里所有必要的工作，以确保总统的家庭独立运转，因此托拜厄斯·利尔已经开始招募更多的工作人员。利尔雇用了 14 名白人作为住家或白天的用人，包括马车夫、搬运工、厨师、服务员和女佣。这些仆人和贾奇以及其他来自弗吉尼亚的奴隶住在狭小的空间里。对贾奇来说，这很可能是她第一次与自由的白人仆人如此近距离接触。尽管在弗农山庄也有白人工匠和监工，但贾奇与自由的白人并没有频繁接触，他们为了勉强度日而从事体力劳动。在弗吉尼亚州的家中，贾奇大部分时间都在侍奉她的主人，但她会住在独立的奴隶区域，那里与弗农山庄的主屋截然不同。纽约的情况却大不相同，因为贾奇不仅听说有一个自由黑人阶层，她还同白人仆人一起睡觉、吃饭，和他们共享其他私密的空间。

我们对托拜厄斯·利尔所雇用的白人仆人的生活几乎一无所知，甚至我们对他们与一起居住的 7 个奴隶的关系也知之甚少。但可以想象的是，正如贾奇目睹了华盛顿的仆人所拥有的"自由"一样，她也注意到了这种自由的局限性。白人仆人在可怕的贫穷中挣扎，就业市场的脆弱性使他们仍然依赖于奴隶和契约劳动，缺乏就业机会常常使他们无法摆脱贫困。然而，虽然她的白人室友可能的确遭遇了贫困，但他们仍是自由的，而贾奇则没有。

每一位住在樱桃街总统官邸的人，重新到的总统到厨房女佣，都在学习新的职责。对贾奇来说，学习之路是崎岖的。除了对第一夫人的优先服务外，她还要负责奈利和沃什·卡斯蒂斯的业余休闲活动。华盛顿家里的孙女 10 岁，她的弟弟 8 岁，在玛莎·华盛顿自己的孩子相继去世后，孙辈们成了她生活的中心。尽管忙于许多新职务，第一夫人还是专注于寻找合适的家庭教师来教育这些孩子。许多记载表明，奈利喜欢正规的学校学习，而她的弟弟则不太喜欢他的学业课程。在纽约的前几个月里，小沃什跟随一名私人教师学习，而奈利开始跟随她的音乐老师亚历山大·莱纳格尔（Alexander Reinagle）学习，莱纳格尔是奥地利著名的作曲家和演奏家。奈利还学习了绘画艺术，[12] 这些技能在 18 世纪是高贵和优雅的象征。到了 1789 年秋天，华盛顿的孙辈们进入了新学校，沃什在一所很小的私立学校学习，那里还有另外 7 个男孩，而奈利则在新开办的寄宿学校成为一名走读生，这所学校是位于少女巷的格雷厄姆夫人学校

（Mrs. Graham's School）。

纽约旋风般的生活提高了华盛顿夫人的要求，贾奇的职责也变得越来越正式并公开抛头露面。然而让事情更复杂的是，这位年轻的女奴不得不以一种更加微妙的方式与女主人交流。玛莎·华盛顿很想家，[13] 几乎经常抱怨自己的新生活，后来她把自己在北部的时光称为"迷失的岁月"。

华盛顿夫人并不是唯一一位在努力调整心态的人。纽约既是通向早期城市共和国的一个隐形的通道，也是一个有形的通道。街道上充斥着有企业家精神和文化的冒险者，这是一批与日俱增的城市居民。当华盛顿一家适应了他们的新生活时，他们怀着忐忑不安的心情，怀念弗农山庄更简朴的生活。华盛顿的生活充满了太多的礼仪职责，以至于他抱怨失去了私人时间。华盛顿写道："我没有时间阅读或回复从四面八方涌入的急件。"[14] 战争结束后的五年半时光，华盛顿已经习惯弗农山庄的慢节奏生活。总统最喜欢的生活几乎在他的新职位上消失了，他努力在个人的和公众的生活之间建立界限，但这几乎是不可能的。为了显得不那么反民主，华盛顿希望与"人民"保持一种公开的关系，但他需要不断卷入强加在自己和家人身上的社会和半政治要求。在每周一次的接见会上，客人可以直接与他交谈，这似乎是一个完美的妥协。总统在每周二下午三点钟开始接待宾客，持续不超过一个小时。总统是个守时的人，但在社交上有些疏远。他不喜欢与陌生人交往，这让他感到不舒服。每周二下午四点钟，华盛顿迫不及待地等着见面会的结束。

　　总统的接见会只对男性拜访者开放，所以每个星期五，玛莎·华盛顿在樱桃街的家都会向她的女性朋友和熟人开放。从晚上七点开始，华盛顿夫人用茶和咖啡，还有柠檬水和冰激凌来迎接客人。[15] 与她的丈夫不同，华盛顿夫人并没有缩短她的社交聚会时间，允许客人们一直待到十点。此外，周四晚上，华盛顿夫妇还会举办一场正式的晚宴，他们会认真挑选需要招待的宾客名单。对总统来说，保持不偏不倚的态度很重要，因此在樱桃街举办的晚宴必须包含来自各行各业的政治人物。外交部长，参、众议员以及内阁成员都被邀请与华盛顿一家共进晚餐，在这些晚宴上，华盛顿夫人经常承担了大部分的社交活动。（除了她丈夫天生沉默寡言外，华盛顿还有严重的牙齿问题，经常会因牙疼而比较尴尬。）华盛顿夫人抱怨她在纽约缺乏个人时间和独处的经历，很少有人了解她的真实感受。作为总统的社交伙伴，她表现得很好，传递了优雅和体面的形象。

　　对奥娜·贾奇来说，她更期待这些场合。虽然在每次活动之前要为华盛顿夫人所做的准备工作都很紧张，但贾奇发现自己能够有一点空闲时间，当晚餐和社交活动开始后，有几次她忙里偷闲了几分钟。当总统和他的家人在每周六乘马车出去兜风，有时是在城里骑马或者到郊外去旅行时，贾奇会有更多的时间。有时，华盛顿一家会沿着"十四英里路线"（fourteen mile round）行走，这是一条通往下曼哈顿区 [16] 的著名路线。总统和他的家人会在早上十一点离家几个小时，这给贾奇提供了一段与其主人分开的奢侈时间。

　　在一个挤满了客人、家人、秘书、仆人和奴隶的房子里，贾奇会享受片刻的闲暇时光。在忙里偷闲的时间里，她很有可能和她的哥哥奥斯丁或其他奴隶谈论时事，或者追忆他们在弗吉尼亚家中的亲人。也许，在这些时刻，贾奇会和一些雇佣仆人谈论纽约及其市郊的事情。从她的主人那里得到的这些短暂时光，让她有了自主权，使得这位年轻的女奴隶了解她所在的新城市的情况，并改变了对纽约城中自由和奴隶制的理解。

几十年来，纽约人一直在努力解决黑人解放问题。独立战争期间，人们在费城、波士顿和纽约的咖啡馆里讨论自由和公民权的话题，这促使一些纽约人重新思考他们对奴隶制的许诺。但支持奴隶的力量就像一场慢慢燃烧的大火，一直持续到 19 世纪。因此，1789年华盛顿才决定将 7 名奴隶从弗农山庄带到他在樱桃街的新家，这一决定并非不体面或不寻常。就像许多其他的白人精英一样，华盛顿使用奴隶劳动是可以被接受的。纽约州州长乔治·克林顿拥有 8 名奴隶，[17] 而纽约居民艾伦·伯尔拥有 5 名奴隶。然而，这些人也参加了纽约奴隶解放协会，约翰·杰伊和亚历山大·汉密尔顿也是如此。尽管该协会一直在谈论渐进地终结奴隶制的话题，但其中大多数纽约的领导人仍然没有实现这个目标。拥有奴隶仍然是上层阶级身份地位的一个标志，所以纽约的奴隶制度继续存在。

并非只有政治家和学者对奴隶制度感到担忧。到 18 世纪 70 年代,宗教团体正在推动,或者说至少在讨论终结奴隶制。费城的贵格会信徒们走在运动的最前列,他们要求贵格会的所有成员,那些与人类灵魂交流的贵格会成员,都与奴隶制脱离关系。他们早期废除奴隶制的禁令不仅影响了费城的教友会,而且也慢慢地传播到北部。其他宗教团体,如卫理公会教徒也开始重新考虑他们与奴隶制度的联系,而先前支持奴隶劳动的英国圣公会教徒则开始对纽约黑人进行教育和洗礼。[18] 然而,纽约并不像费城那样进步。在贾奇和她被奴役的同伴短暂逗留费城期间,他们不可避免地认识到奴隶制度正在衰落。这一现实将在一名南部奴隶的内心和思想中激起希望和乐观的看法。但当她离开费城,前往北部时,一种奇怪的逆转现象随之而来。当她进入纽约时,她发现自己再次深陷奴隶制之中,尽管与大量的自由黑人混杂在一起。

随着纽约城市规模的不断扩大,奴隶人口的数量也在不断增加。但是,纽约永远不会像华盛顿的家乡弗吉尼亚那样,拥有那么多的黑人人口。作为一名黑人女性,贾奇现在属于少数,[19] 这与她在弗农山庄的家中截然不同。纽约人口中有10%[20] 是黑人,其中三分之二是奴隶。贾奇会与这些男男女女打交道,并注意到最富有的男人和女人拥有这个城市的很大一部分奴隶,尽管贫穷的白人也参与了奴隶贸易的游戏,就像一位名叫黑斯廷斯·斯托克豪斯(Hastings Stockhouse)的小杂货店老板一样。这位杂货商住在樱桃街,但没有不动产,勉强维持生计。尽管斯托克豪斯属于社会经济阶梯的最下层,但他却拥有一名奴隶。[21]

贾奇只需要很短的时间就可以断定，北部大多数奴隶主拥有奴隶的数量并不多。与拥有数百名奴隶的弗农山庄不同，纽约大多数奴隶主仅有一或两名奴隶。大多数声称拥有奴隶的人都是手工业者，比如斯托克豪斯，他们住在小商店和租来的商铺里，把他们的奴隶财产放在他们已经拥挤不堪的家中的阁楼和地窖里。纽约的奴隶主根本无法拥有超过两名奴隶，因为他们没有地方可以让他们住，不像弗农山庄有奴隶营房和小木屋，这些地方允许奴隶们在主人的房子之外睡觉、吃饭、欢笑和彼此相爱。

当贾奇在纽约定居的时候，更让人惊讶的是，她认识的大多数黑人都是女性。[22] 尽管投资奴隶劳动的手工业者和其他奴隶主都更喜欢男奴，但黑人女性（不管是奴隶还是自由人）在城市中也占有重要的地位。北部的奴隶制度与这位年轻的弗吉尼亚人所知道的不同。在大西洋北部和中部的城市，奴隶制度是这样一种制度，它依赖于黑人妇女，不是因为她们的生育能力，而是因为她们的敏捷性，能够胜任最艰苦的家庭劳动。[23] 在18世纪，做饭、打扫卫生和缝纫都是非常繁重的工作，当时没有自来水和电这些奢侈品，需要在闷热的厨房或冰冷的棚屋里搬运沉重的水桶或做饭。对于那些辛苦劳作的黑人妇女或者仆人来说，她们的身体被累垮了，她们的时间也从不属于她们自己。

然而，由于主人的令人尊敬的地位，贾奇很有可能摆脱了总统官邸里最繁重的体力劳动，因为她不得不随时听命并帮助华盛顿夫人，并陪她进行多次社交访问。虽然她不会被要求烹饪或大扫除，但在很多方面，她的工作是更加苛刻和不可预测的。

贾奇的职责是随时为第一夫人服务。当华盛顿夫人招待她的好朋友时，贾奇总是在能听见召唤的范围内守候。阳光明媚的日子里，华盛顿夫人要求乘坐她的马车外出，这样她可以和朋友们聊天，呼吸新鲜的空气。路人总是能认出第一夫人，并注意到她的随从。

一名仆人在前面半英里处，两位年轻的先生就在他们前面驾着马车，一名混血女孩在马车后面，一名黑人骑马跟在最后。[24]

这位混血女孩就是贾奇，她总是小心翼翼地不去打扰她的女主人和她的客人。她完成了一名家庭奴隶的职责，她随时待命，但从不露面。

但就在贾奇抵达纽约一个月后，樱桃街疯狂的生活节奏戛然而止。总统得了重病，处于危险之中。

—◦◦✸◦◦—

在华盛顿八年的战争经历中，他的健康状况每况愈下。战争中艰苦的环境，不卫生的条件，再加上高龄，对总统的身体造成了很大的伤害。他从战争中存活下来，没有人希望总统再与疾病作战，然而他在 1789 年 6 月感染了风寒。总统高烧越来越严重，左腿上长了一个大肿瘤。随着肿瘤的增大，华盛顿被疼痛折磨得虚弱不堪，他甚至无法坐下来，身体情况越来越糟。备受尊敬的塞缪尔·巴德（Samuel Bard）医生诊断出，总统患的是一种皮肤感染，叫作炭疽热，他担心情况还会更糟。华盛顿知道自己可能无法活下来，这对华盛顿夫人来说无疑是毁灭性的打击。玛莎·华盛顿已经埋葬了一个丈夫和她所有的孩子，这一次很可能会被恐惧吞噬。[25]

尽管他们希望对总统的身体状况保密，但这位医生在总统家里时间的延长，肯定会让华盛顿的亲密朋友和家人感到奇怪。当仆人和奴隶被要求隔离在樱桃街附近的时候，连公众也开始怀疑发生了什么事。总统官邸外面的街道上铺上了稻草，以减弱交通的噪音，所有住在总统官邸里的人都明白情况的严重性。到了 6 月 17 日，巴德医生不得不给总统的腿动手术。18 世纪末的所有手术都非常痛苦，因为那时还没有止痛剂和麻醉剂。情况非常严重，[26] 巴德医生不得已切除了肿瘤，后来他描述说"非常大，切口非常深"。华盛顿在这场磨难中幸存下来，但由于身体虚弱，几周都无法坐下或走路，这使得总统不得不在床上或沙发上完成自己的工作。

即使在 9 月初总统恢复体力后，玛莎·华盛顿仍然担心丈夫的身体状况。贾奇不仅要照顾华盛顿夫人，正如她一直在做的那样，而且现在还要帮助她稳定情绪，抚慰她受伤的心灵。玛莎·华盛顿还在为离开弗农山庄而心烦意乱，她不得不想象她丈夫的死亡概率，以及没有伴侣的生活会是什么样子。三个月来，玛莎·华盛顿的情绪一直很不稳定。即使在总统已经快要康复时，第一夫人仍然为她丈夫的健康状况担忧，担心他的政府公职会让他过早死亡。

最后，由于总统恢复了相对健康——他的牙齿状况从未让他摆脱痛苦——在 1790 年 2 月，第一家庭搬到了百老汇大街上一个更大的房子里。[27] 这座新房子是一座宽敞的四层建筑，使得总统和他的妻子可以以更大的排场招待宾客。哈德逊河的风光、精美的地毯和漂亮的家具似乎更适合华盛顿一家，在总统的房子里居住的所有人也都有了更大的空间。

一旦总统的腿完全康复，他的职责就会增加，迫使他从一个州到另一个州进行考察，经常很少有休息时间。然而，总统还是高估了他自己的身体。第一夫人对她丈夫脆弱身体的担忧似乎是一种预感。在华盛顿定居到百老汇大街上的新家几个月后，总统又发了一场高烧，持续不退。

这一次，总统无法掩饰自己的虚弱，朋友和同事们开始公开谈论他们的担忧。来自宾州的国会议员乔治·克莱默（George Clymer）写道："但在这里，对总统的身体健康状况似乎正在恶化这一消息，很多人感到焦虑。"[28] 流感在城市的人群中蔓延，不论一个人的地位和职位多么引人注目都逃脱不了，总统也不例外。到 1790 年 4 月底，华盛顿染上了病毒，可能会导致肺炎。横扫整个城市并危及总统身体的传染病将会夺走许多人的生命，也夺走了华盛顿的听力。当巴德医生和其他著名的医生被召集到他的床边时，贾奇再次目睹了总统的心情从乐观走向绝望。总统咳出了血，他的高烧不断恶化，使得总统的医生、助手和他的妻子担心最坏的情况到来。但他们的深切担忧很快就会消散，因为华盛顿再次奇迹般地活了下来。在接下来一个多月的时间里，总统再次脱险。[29]

　　当夏天到来时，华盛顿一家和他们的奴隶又重新收拾行李。这一次，贾奇准备返回弗农山庄的家中，逗留较长一段时间，这次旅行使得每个人都可以从北部的疯狂生活中缓一口气。贾奇回到弗吉尼亚后仿佛换了一个人。在过去的一年里，她被推到了全国最有权势的家庭的聚光灯下，这是一件特别奇怪和危险的事情。当她注视着她的主人在政治阶梯顶端的位置时，她也敏锐地注视着北部黑人自由的开始。虽然只有十六岁，但她已不再是小孩子了。她是一位经验丰富的女仆，她的见识已经非常丰富了。

四　移居费城

《费城高街上华盛顿的住所》

　　1790 年夏天，在纽约居住了一年半之后，华盛顿一家返回到弗农山庄，停留了将近三个月。百老汇大街 39-41 号房子里的东西必须收拾好，准备运往两个地方。虽然家族的一些私人物品将会一起运送到弗农山庄，但华盛顿剩余的财产将被送往费城，这是美国新首都的所在地。[1] 很少有资料记录奥娜·贾奇这段短暂逗留弗农山庄的时光，但她肯定期待着回归家庭，并结识她家庭里的新成员。贾奇的姐姐贝蒂·戴维斯在 1790 年的某个时候生下了小南希（Nancy）。[2] 对贾奇来说，与她的外甥女见面，拜访她在弗农山庄的家人和朋友，将会是苦乐参半的，因为这些恢复了她最亲密的关系，同时也提醒着贾奇那个失落的童年和那个根深蒂固的种植园奴隶制度。[3] 如今，在她十几岁的时候，她成了华盛顿一家最受重视的家奴之一，目睹了她的家庭成员梦寐以求的事情。她的兄弟姐妹和她的母亲都没有去过北部，只有她的哥哥奥斯丁才理解她所知道的那种物欲世界。

当马车回到弗农山庄那弯弯曲曲的车道上时，贾奇将改变她的参照坐标。她将会想念纽约市集上那些自由的黑人男女，渴望听到关于黑人自由的谨慎谈话。在返回弗吉尼亚的途中，贾奇将面对她作为奴隶的固有现实生活。尽管对于在弗农山庄被奴役的人来说，她的生活方式和职责似乎是令人向往的，甚至是魅力四射的，但贾奇知道北部黑人比她享有的更多。贾奇把目光放在小南希身上，这让她想起奴隶制的最深刻的困境，奴隶的出生是值得庆祝也是悲伤的时刻。她会欢迎这个新生的女婴进入这个家庭，可她也知道各种的危险、堕落和暴力都在等着她。但是贾奇是南希的小姨，而不是她的母亲，不管她有什么抚养家人的梦想，都不得不藏起来。因为在总统官邸里没有地方容得下一个奴隶婴儿。而且她有一天也会做母亲。

玛莎·华盛顿一直不愿意与她的丈夫一起在纽约生活，现在她却发现自己因为一项政治妥协很难过，那就是首都即将迁往费城，这是由亚历山大·汉密尔顿（Alexander Hamilton）和托马斯·杰斐逊（Thomas Jefferson）促成的政治妥协。她已经习惯了她的新身份和不断扩大的朋友圈，现在她又不得不在另一个不同的城市重新开始。第一夫人回弗农山庄度假很有可能缓解了她对即将前往费城的担忧，她肩负着再一次搬家的重任。怀着对前往弗吉尼亚的漫长而艰苦的旅途的担忧，华盛顿一家穿过纽约的街道，经过送别的队伍。《联邦公报》（Federal Gazette）报道说，"华盛顿夫人似乎也对告别很伤心"，[4] 他们在 8 月 30 日离开了。

纽约人向他们的总统告别，也告别了纽约作为曾经的国家首都所在地。在美国革命之后，政府所在地的位置一直是一个非常大的争论焦点，有 30 个或更多的城市为成为权力中心而相互争夺。纽约人和费城人认为，国家首都的选址 [5] 应该临近东海岸，因为那样可以快速便捷地进行商业交易。当国会放弃宾州这个议会所在地（后来被称为独立大厅）而选址纽约时，费城人感到震惊。在 1788 年，根据宪法，纽约成为第一届国会 [6] 的正式开会地点。

然而，在紧闭的大门之后，一些国会议员正在进行安静的谈话和私人晚宴，他们在那里制定了创建一个"联邦城"的多项计划，这个"联邦城"与任何其他城市或州政府都是分开的。詹姆斯·麦迪逊（James Madison）等南方人主导了这场围绕着新权力中心的位置的、长达十年的闹剧。弗吉尼亚人尤其是乔治·华盛顿坚持认为，美国首都应该永久位于一个南部城市。

联邦城将是辉煌的，而奴隶们将用双手建造它。新的联邦政府租用了数百名奴隶来清理土地，准备铺设街道和道路。这些奴隶们会造砖，并砍伐在荒凉的沼泽上建造房屋所需的木材。黑人男女的无偿劳动将为建造美国权力中心的城市奠定基础。

正是亚历山大·汉密尔顿和托马斯·杰斐逊促成了南北之间的这场著名妥协，在这一妥协中，联邦政府承担了所有与美国革命有关的国家债务，以换取在波多马克河沿岸建立一个永久的国家首都。首都的建设将需要近十年的时间，而费城的安慰奖则是在从1790 年开始的十年时间里，成为首都临时重新安置的所在地。费城人希望，十年之久的时间能让宾州人说服联邦议员，重新考虑他们的决定。一些国会议员仍然不确定，能够在波托马克的沼泽、蚊子遍布的海岸上建造一座首都。费城人相信，他们城市的现代性和世界性会改变国会议员的想法。他们为华盛顿在费城建造了一座宏伟的总统官邸，但是总统避免与任何奢华的建筑有联系。作为一名弗吉尼亚人，总统承认了波托马克的首都位置，并选择在费城高街上的莫里斯之家（Morris House）居住。

华盛顿夫妇花了几个月的时间准备搬家到费城。这对夫妇从纽约的经历中学到了很多关于北部城市生活的知识，并且非常小心地为位于费城的总统府寻找合适的工作人员。虽然奴隶制的正当性在费城受到质疑，但总统夫妇并没有打算离开他们的奴隶，事实上，这次他们选择携带更多的奴隶。由于担心费城的白人劳工短缺，并对一些北部白人仆人的做法感到不满，华盛顿一家对谁应该在 11 月陪伴他们到费城进行了长期而艰苦的思考。一直担心抛头露面的华盛顿总统再也不能容忍那些看起来不整洁的白人仆人了。他向他的秘书托拜厄斯·利尔透露，他不会再雇用他以前的厨师，他写道，"刘易斯夫人和她女儿的肮脏形象，在我们的新住所里，是一幅令人不愉快的景象（就像厨房总是会出现的那样）"。[7] 相反，他选择带着他的奴隶赫拉克勒斯（Hercules），此人以他精湛的厨艺而闻名。显然，华盛顿一家更关心的是干净和文雅的形象，而不是在费城有关奴隶制存废日益激烈的争论。

赫拉克勒斯这位烹饪大师有权威管理他的厨房。当他发号施令时，"他的手下飞快地在四面八方忙碌起来"，拼命地想取悦这位苛刻的厨师。[8] 赫拉克勒斯不仅受到来自弗农山庄的奴隶们的尊敬，而且也受到他主人的尊敬。他知道他的主人喜欢什么样的食物，也知道总统的假牙能够吃或不能吃什么。此外，华盛顿夫妇也相信他会为各国元首和外国政要准备令人印象深刻的佳肴。

赫拉克勒斯知道他享有一些他主人的社会资本，他的厨师工作是令人满意的，因此他设法利用他在费城的新任务，为他的儿子里奇蒙德（Richmond）提供了一个机会。里奇蒙德是弗农山庄一位年轻而没有工作经验的奴隶，他和他的父亲一起到北部，做一名厨房助手。关于赫拉克勒斯的安排，总统并不太满意：

奥斯丁和赫拉克勒斯在这段日子里会出发，毫无疑问会在我们之前几天到达。里奇蒙德和克里斯托弗昨天乘船而来，对于前者，我担心的不是他的外表或品质，而是因为他是赫拉克勒斯的儿子，赫拉克勒斯急于让他过来当助手，作厨房帮手。[9]

尽管对里奇蒙德不感兴趣，但总统还是默许了他到北部来，让年轻的里奇蒙德有机会离开弗吉尼亚，学习他父亲的厨艺，与赫拉克勒斯保持联系并依靠于他。

在之前前往纽约的七名奴隶中，有六名仍陪同华盛顿一家前往费城。奥娜·贾奇、莫尔、奥斯丁、马夫贾尔斯和帕里斯、克里斯托弗·舍尔斯都被选中继续为总统一家在他们高街上的新家服务。算上赫拉克勒斯和里奇蒙德在内，奴隶总数将增加到八人，在总统的第二任期内，将有第九名奴隶加入他们的行列。[10] 威廉·李每况愈下的身体使他不能再担任总统的贴身男仆。他被免除服务，留在了弗农山庄。

在不到十八个月的时间里，四次搬家对华盛顿整个家庭来说都是一件累人的事，对于那些和主人一起搬到北部的八名奴隶来说，这更是一项繁重的工作。他们必须学会一套新的规则，需要形成新的群体，再次经历与家人和朋友的分离。费城与纽约将有何不同？他们的新家会怎样装修？他们的职责会改变吗？许多问题肯定回荡在那些前往北部的奴隶们的头脑中，但他们不能表现出惶恐不安。奥娜·贾奇不知道，这次搬家将会成为通向自由的开端。但通向自由的路将会非常漫长，需要六年时间才能完成，但对于贾奇来说，费城将是她获得自由的起始地。

⊶⊷✕⊶⊷

"总统府"位于第五和第六大街之间的高街（也称市场街）190号，[11] 距离独立大厅不到 600 英尺远。这所房子曾被冠以很多名字，分别是马斯特斯－佩恩之家（Masters-Penn house）、罗伯特·莫里斯之家（Robert Morris house）、190 号街（190 Street）和华盛顿府邸（Washington Mansion），但华盛顿在他的通信中最常使用的名字是总统府。这栋建筑是费城最大的住宅之一，曾住过几位名人。殖民地总督理查德·佩恩（Richard Penn，威廉·佩恩 [William Penn]的孙子）、英国将军威廉·豪（William Howe）、美国将军本尼迪克特·阿诺德（Benedict Arnold）和金融家罗伯特·莫里斯（Robert Morris）都曾在高街上的这座房子里住过，[12] 但从 1790 年 11 月开始，做了一些修整后，这里成了华盛顿一家的住所。为了让总统一家和大量的工作人员相对舒适地生活，人们对这栋建筑进行了修整。他们拆除了一堵墙，安装了一些弓形窗——这是当时的时尚。他们还在仆人们的大厅附近以及阁楼里建造了更多的房间，供仆人们使用。这栋楼有 45 英尺宽，52 英尺高，相当于毗邻的两间排屋的大小。总统府有三层楼和一个阁楼，当华盛顿一家及其随行人员到达时，它的接缝处就已经开始破裂了。

华盛顿夫妇以及他们的孙子孙女奈利和乔治（沃什）会发现，

他们和总统的 4 个秘书及秘书长托拜厄斯·利尔住在一起。利尔的妻子玛丽和他们的幼儿本杰明也住在高街，他们有 8 名奴隶和大约 15 名白人仆人。贾奇将在接下来的 6 年里，生活在一个 25—30 人的家庭里。对于住在总统府的奴隶和仆人来说，他们是没有隐私的。甚至对华盛顿一家来说，他们也是没有隐私的。

三个白色大理石台阶的宽阔门廊欢迎着这个家庭。当进入总统府时，他们看到了一条长约 50 英尺的长廊，上面铺着绿色的地毯，延伸至楼梯处。在走廊的墙壁上装有护壁板，红木门装饰着两个餐厅，一个餐厅用于家庭就餐，另一个餐厅用于更正式的国宴，可以容纳 30 人。一楼的中心是厨房，这间大房间现在由赫拉克勒斯和来自巴尔的摩的约翰·维卡（John Vicar）掌管，后者后来被塞缪尔·弗朗塞斯（Samuel Fraunces）所代替，弗朗塞斯也被称为"黑山姆"。[13]厨房里有一间洗手间，一间用人的饭厅，一间管家的房间，两间为白人仆人和他们的妻子准备的卧室，近处还有一间浴室。[14] 房子的后面有一个马厩，一个牛屋，一个马车房，还有一个熏制房，[15] 这间房后来为奴隶提供了更多的睡眠空间。悬挂着的玻璃灯、红木楼梯以及位于二楼的座钟为总统的新家提供了富丽堂皇的装饰。

二楼和一楼的大小完全一样，但功能完全不同。二楼有一间招待宾客的沙龙，还有华盛顿一家的卧室。朝向房子的正面，一间被称为黄色客厅的大房间成了玛莎·华盛顿的社交场所。长长的黄色窗帘和家具提亮了她为朋友和熟人提供下午茶的房间。在每周五晚上的客厅里，[16]挤满了来参加社交活动的几十位客人。毗邻玛莎·华盛顿社交房间的是国家会客厅（State Drawing Room），这是一个更大的空间，在这里总统一家接待来自全国各地和大西洋地区的达官贵人，举办招待会。

总统知道空间非常有限，但他会确保自己有小型的私人办公室。华盛顿把原来的浴缸搬了出来，在二楼给自己腾出了一间私人书房。另一间供洗衣女工和厨房女佣住宿的用人房也在二楼的后面。走廊外有两个小房间，是为华盛顿的孙辈们准备的。他们每个人都有自己的房间，然而，每个孩子都和一名奴隶睡在一起。贾奇和莫尔被指派与华盛顿的孙辈们一起睡觉，莫尔还负责孩子们的护理和健康，而贾奇也几乎不可能逃脱这一责任。其中一个孙子的卧室与总统夫人的卧室共用一扇门，很可能那里是贾奇睡觉的房间。当华盛顿的孙子们生病时，当他们做噩梦的时候，她可以随时安抚他们，但她却不能安抚自己的孩子。此外，她还会在晚上随时待命照顾这两个孩子，还要在晚上和白天回应她的女主人的要求。她的工作是无穷无尽的。

大多数的女奴都害怕睡在为家奴准备的房间，因为和他们的主人住在同一屋檐下，就将她们置于危险的性攻击之下。她们更喜欢住在大种植园里为田地奴隶提供的小木屋。虽然对于弗吉尼亚寒冷的冬天或酷热的夏天，那些满是灰尘的奴隶营房很简陋，几乎没有任何隔热材料，但他们却提供了家奴们所渴望的东西：隐私。与朋友和家人住在小木屋里的奴隶睡在一个可以躲避白人主人不断提出要求的地方。男奴和女奴们可以在简陋的木屋中一起交谈、欢笑和祈祷，这里就像他们的家。[17] 但是对于像贾奇这样的家奴来说，便没有藏身之地。

高街 190 号的总统官邸里挤满了秘书、仆人和奴隶，其中大多数都是男性。贾奇必须保持警惕。她怎么才能避免男职员、仆人或奴隶的求爱呢？他们可能强迫她发生性关系。她经常处于被强奸的危险中，几乎没有人能阻止持刀行凶者强奸她。比起其他男人，许多女奴更害怕他们的男主人（以及主人的儿子），而一个与主人相邻的房间可能意味着许多女奴无法入眠。贾奇从未指责过华盛顿有如此放肆的行为，尽管有人私下里说，总统和住在弗农山庄的他兄长的奴隶维纳斯（Venus）有过私情。[18] 现在，只有她和沃什共用一个屋子，他还是一个小男孩，贾奇不必担心被他攻击。

三楼与二楼相似，为日常起居和处理总统事务提供了更多的空间。托拜厄斯·利尔和他的妻子玛丽要求和年幼的儿子本杰明共用一间卧室，另外两间卧室由华盛顿的秘书们共享，他们分别是威廉·杰克逊少校（Maj. William Jackson）、豪厄尔·路易斯（Howell Lewis）、巴塞洛缪·丹德里奇（Bartholomew Dandridge），最后是罗伯特·刘易斯。（除了威廉·杰克逊，他们都是华盛顿夫妇的侄子。）三楼秘书们的居住空间很方便，就在总统办公室（President's Business Office）附近，华盛顿和所有参加政府公务的人都在这里开会。三楼也是"避暑室"的所在地，这是一个宽敞的地方，为来拜访华盛顿一家的家人和朋友提供了必要的居住空间。顶楼和阁楼上的房间被锁了起来，留给那些需要休息的奴隶和仆人。阁楼在厨房旁边，是这栋楼里最炎热的地方，夏天的几个月几乎让人无法忍受。赫拉克勒斯、里奇蒙德和克里斯托弗很可能与帕里斯和贾尔斯睡在马厩或熏制房里。

所以，男人和女人，不管是自由的还是被奴役的，都共同居住在高街 190 号的这个住宅里。总统没能意识到如此狭小的空间将会危及他的财产。在费城的华盛顿的奴隶们会从那些在他们身边辛苦劳作的白人仆人那里学到很多东西。他们眼睁睁地看着自己的同伴得到报酬，在城市里相对轻松地走动，自己的生活自己做主，甚至拥有离开雇主的权利。这些对于住在高街上的奴隶们来说都是很重要的一课，奥娜·贾奇将学习并牢记这些经验。

五　家中的黑人

宾州废奴协会徽标，该协会成立于 1775 年。

随着华盛顿一家人定居费城，总统便开始了一场艰苦的南部之旅，这是一场令人厌倦的三个月的旅行，从马里兰州一直到佐治亚州的萨凡纳。只要有可能，总统就会回到弗农山庄，检查他的财产，而此时情况却不容乐观。他还利用自己的回家时间稍加休息，从持续不断的总统事务和近乎疯狂的节奏中喘口气儿。弗农山庄是华盛顿的安全港，但当总统阅读信件时，他迫切需要的宁静被打破了。1791 年 4 月 5 日，来自托拜厄斯·利尔的一封信令人不安，引起了总统的密切关注。他的财政状况再次陷入危机，这次不是因为烟草歉收，而是因为他的奴隶。

司法部长埃德蒙·伦道夫（Edmond Randolph）出现在总统官邸，希望就紧迫的问题与总统进行谈话。这位弗吉尼亚州的前州长更愿意和总统本人谈论这些微妙的事情，但是华盛顿却在弗吉尼亚。正如过去很多次那样，玛莎·华盛顿代替她丈夫接见了伦道夫。也许这两个人坐在黄色客厅里，在等待华盛顿的奴隶们供应茶水或柠檬水的时候，他们进行了简短的寒暄。玛莎很快就会发现她的客人很沮丧，伦道夫的来访需要小心谨慎。华盛顿夫人通常会让奥娜·贾奇在她身边，但在这样一种敏感的谈话发生之前，她会让贾奇回避。

司法部长向第一夫人透露了自己的愤怒和沮丧，并向她讲述了一个困扰费城奴隶主的问题。他的三个奴隶逃跑了，他知道他不能把他们再要回来。作为全国最优秀的律师，伦道夫从不相信他的奴隶会引用宾州的法律对抗他，但他们确实这样做了，更糟糕的是，他们是正确的。伦道夫告诉第一夫人，他的奴隶勇敢地"告诉他，他们明天会利用这个州的法律，索要他们的自由"。[1] 他警告说，宾州是这样一个地方，在这里，来访的奴隶主比如华盛顿一家会失去他们的奴隶财产，从而蒙受巨大的经济损失。费城的奴隶主们都很容易受到伤害。

伦道夫提醒第一夫人，宾州法律规定，一旦被带到该州的奴隶停留长达六个月以上，成年奴隶就会自动获得解放。司法部长要么想当然地认为他的奴隶永远不会了解法律，要么认为他们的忠诚深不可测，会服从于他们的主人，即使法律没有要求他们这样做。伦道夫把自己的经历作为一个警示，暗示总统的家人要小心自己的奴隶，担心"在这个家庭中长大的人可能会效仿类似的榜样。在费城居住达到六个月后，应该把他们紧握在自己的权力范围之内"。[2] 这一警告有理由让玛莎·华盛顿深思。

第一夫人明白了伦道夫这一上门通知的重要性，也明白需要采取谨慎而迅速的行动。她专心地听伦道夫讲话，感谢他的来访，很快就和利尔讨论出了最佳的行动方案。他们必须立即通知她的丈夫，而住在高街上的奴隶们需要远离这样具有煽动性的新闻。但是总统府的房子并不宽敞，声音可以从走廊里传来。在一个通常由20人或更多的人组成的空间里，很少有私人空间。就像伦道夫的奴隶开始理解并利用渐进废除奴隶制的法律一样，华盛顿的奴隶们也会这样做。如果总统自己的奴隶将宾州的法律变成对他不利的法律，那将是非常尴尬的事，也会给总统带来巨大的财产损失。

托拜厄斯·利尔知道华盛顿一家犹如坐在火药桶上，他有责任确保其不会爆炸。第一家庭在费城定居的时间很快就要到六个月了，利尔写信给总统，征求意见和方案，并请求华盛顿"就这个家庭中的黑人问题给予指示"。[3]

总统意识到，费城民众对奴隶制问题的普遍看法与他在纽约所遇到的不同。在 1789 年春天，纽约人很少公开谈论华盛顿和他的奴隶们，但在宾州情况却截然不同。当他熟悉渐进废除奴隶制的法律时，总统对自己奴隶所处的危险状态感到措手不及，在接下来一周的时间里，华盛顿回应了利尔的建议。总统对这个问题进行了深入的思考，认为他的情况与司法部长不同。在弗吉尼亚的里士满，华盛顿写信给他最信任的秘书说，在某些方面，伦道夫应该对自己的不幸遭遇负责。既然他在宾州执业，他便下定决心成为宾州的一名公民。伦道夫选择"宣誓成为公民"，因此同意遵守宾州所有的法律，其中之一就是在他到达该州六个月后释放他的奴隶。华盛顿认为他自己的情况不同。他之所以居住在宾州，只是因为他在这里履职，他说，"作为一名政府官员，我住所里的黑人只是附带的"。[4]

但是即使有了适当的理由，总统还是谨慎的。华盛顿写信给他的秘书说，有一些公民，也就是废奴主义者，"即使没有任何法定权利，还在从事引诱奴隶逃跑的工作"。[5] 华盛顿总统担心自己的奴隶面临着黑人自由泛滥的危险，尽管他认为他的奴隶们受到了更好的待遇和照顾，但他理解自由的力量和魅力。华盛顿写道："虽然我不认为他们会因这一改变而受益，但自由的观念可能太强大了，以至于他们无法抗拒。"[6]

他要求利尔继续研究宾州的法律，同时，总统、第一夫人和利尔制定了一个规避方案，华盛顿一家不会违反费城法律——他们只是回避它。

━━◆◆◆━━

贾奇很快了解到，费城的生活与她在纽约所了解的生活完全不同。她的奴隶身份在这个新城市里有些罕见，与纽约不同的是，这里的废奴运动更加激烈。[7] 相对于纽约或新泽西州来说，在思考并为所有人的自由立法方面，宾州相对进步，它是第一个要逐渐废除奴隶制的州。费城在宾州的废奴运动中占据了主导地位，当贾奇搬到高街上时，这里的奴隶制已经寿终正寝了。

早在 17 世纪，宾夕法尼亚殖民地就与非洲奴隶制的道德困境进行了斗争。当第一批贵格会教徒开始质疑奴隶制时，这个殖民地才成立七年。宾夕法尼亚于 1681 年由威廉·佩恩创立，成了一个以拥有大量贵格会信徒而闻名的殖民地，这些人当然也有自己的奴隶。许多贵格会奴隶主同意他们的创始人乔治·福克斯（George Fox）的观点，他主张人道地对待那些被奴役的人。当然良好的方案是相对的，相比于在弗吉尼亚寿命短暂的烟草农场或在南、北卡罗来纳的稻米种植园，宾州的确享有比其南部邻州更加善待奴隶的名声。尽管如此，奴隶制仍继续存在，在贵格会里，关于奴隶制的争论已经持续了将近一个世纪。从 1688 年开始，大量的日耳曼敦贵格会信徒宣布奴隶制与他们的宗教信仰相对立，但当信徒们在自己成员中间阻止奴隶制时，人们对他们的呼喊充耳不闻，将他们视为麻烦制造者，甚至认为这些胆敢质疑奴隶制是否符合道德的人导致了小企业主的金融灾难。尽管他们是一个以共识为导向的宗教组织，信奉所有人的平等和"上帝之光"，但与奴隶制有关的经济利益和对自由黑人群体的恐惧导致的种族刻板印象，最终阻止了 17 世纪这场有意义的废奴运动。

而正是住在城外的教友派信徒们，第一次大胆地推动了教友派禁止奴隶制度。1711 年，切斯特郡的教友派信徒在年度会议上要求禁止信徒们购买新的奴隶。虽然没有颁布正式的文件，但它建议教友派信徒主动退出奴隶贸易。教友派信徒在费城郊区开始的废奴活动最终以一部法律的制定达到高潮，这是这个新国家的第一部反奴隶制法律。

这一具有里程碑意义的法律在 1780 年 3 月 1 日通过，解决了奴隶制这一爆炸性问题，并确立了在北部渐进地解放奴隶的标准。它仍然允许白人奴隶主从黑奴的身上压榨每一份无偿劳动，直到他们 28 岁——这在 18 世纪大约是普通人寿命的一半——然后留下残破的躯体和疲惫的灵魂，在释放他们之后让他们寻找新的生活方式。

废奴的过程是缓慢的，但是贾奇发现自己生活在一个承诺终结奴隶制的城市，并且它正在履行承诺。

华盛顿一家被反奴隶制的情绪及破坏他们金融投资的法律所包围，他们知道如果想要保护他们的财富和声誉，必须迅速而安静地开展工作。总统需要解决在费城蓄奴的问题——这个问题需要多年才能解决。因此，华盛顿夫妇制定了一个方案：这对夫妇每六个月都会带着奴隶返回弗农山庄，来规避宾州法律规定的黑人获得自由的时间界限。如果去弗吉尼亚的旅行对这个家庭来说是一件困难的事，那么去一个像新泽西这样的邻近州也会起到同样的作用。六个月就是宾州奴隶制度的最长时间限度，总统知道再没有时间浪费了。

总统从弗吉尼亚向费城发出了明确而直接的命令。总统府的奴隶们需要尽快离开那个州。华盛顿决定，他的妻子应该计划一个快速的回乡之旅，回到弗吉尼亚，把他们所有的奴隶带回安全的南部法律下。总统尤其关心那些成年奴隶，他（最终证明是错误地）认为这些人是唯一能够在宾州法律下自我解放的人。

在第一个总统任期的前两年，华盛顿并不急于在费城煽动强大的反奴隶制势力，并且坚持要保护他个人的奴隶财产。华盛顿倾向于谨慎处理他的私人事务，如果有必要的话，他会"瞒着"大众。[8] 总统指示他的秘书不要向除他妻子以外的任何人透露他的意图，他说："我给出的这些方案和建议，除了你和我夫人知道之外，无须告知他人。"[9]

正如为搬到纽约时所做的准备一样，玛莎·华盛顿在丈夫不在的情况下执行了这一重要的计划，但这一次必须秘密地进行。尽管他们时间有限，总统还是希望他的妻子能够在不引起任何警报的情况下尽快将奴隶们聚集在一起。奴隶们必须被蒙在鼓里，因为如果他们知道为什么要陪华盛顿夫人前往弗吉尼亚时，他们可能会跑掉，[10] 就像伦道夫的奴隶一样。按照指示，玛莎·华盛顿开始战略性地考虑回到弗吉尼亚的旅行。她一直期待着返回弗农山庄，但现在，她的旅行不只是为了休息和放松。第一夫人的任务是要保护这些奴隶财产，这些奴隶最终会遗赠给她的继承人。

4月19日，就在总统与利尔通信的七天后，华盛顿夫人给她的侄女弗朗西斯·"范尼"·巴赛特·华盛顿（Frances "Fanny" Bassett Washington）写信，弗朗西斯已回到弗农山庄的家中。第一夫人询问了家人和朋友的信息，并打听消息，希望能听到有关弗朗西斯即将怀孕的消息。但最重要的是，第一夫人的信中解释了为什么贾奇的哥哥奥斯丁会在这么短的时间内返回弗农山庄（在其他人之前）。华盛顿夫人向她的侄女解释说，虽然她真的无法免去奥斯丁在费城的劳动，但她需要"履行我对他妻子的承诺"，允许奥斯丁与他的家人团聚。[11]奥斯丁在弗吉尼亚的逗留时间很短，这是一个仁慈的奴隶主对他的赏赐，至少看起来是这样。

第一夫人并没有向她的侄女道出她将奴隶送回弗农山庄的真正原因：奥斯丁在费城六个月的短暂居住期限马上要满了，她需要找个借口把他送到宾州之外。华盛顿夫妇一定很信任奥斯丁，因为他们不仅允许他独自一人返回弗农山庄，而且还为他提供了旅费。他们给了奥斯丁总共11.66美元旅费，[12]这笔钱可以支付他到巴尔的摩，再从巴尔的摩到亚历山大港的路费，以及整个旅程的食宿费用。

华盛顿夫妇松了口气，因为他们知道把奥斯丁送出费城的计划已经安全进行了。玛莎·华盛顿现在可以把精力集中在为全家返回弗农山庄做准备，这是一次短途旅行，可以把其他的奴隶从高街带回弗吉尼亚。但是，利尔打断了华盛顿的短暂安慰，带来了更多的坏消息。第一家庭需要担心他们所有的奴隶，而不仅仅是马上居住期满的成年奴隶。

华盛顿确信，克里斯托弗、里奇蒙德和贾奇因其未成年人身份可以免于宾州的渐进废奴法影响，但利尔报告说，总统的认识是不正确的。在与司法部长进行了另一次谨慎的交谈之后，利尔告诉总统，他的三个未成年的奴隶也可以在六个月后获得自由。利尔写信给总统说："那些18岁以下的奴隶，在居留费城达到六个月后，可以向穷人监察员（Overseers of the Poor）提出申请，后者有权为这些未成年奴隶找一个主人，一直到他们18岁，到那时他们可以获得自由。"[13] 这份报告是一份错误的报告，因为费城的大多数黑人儿童在28岁之前都是契约工，但是根据法律，如果克里斯托弗、里奇蒙德或贾奇在费城停留超过六个月，他们就有机会获得自由。这些未成年人可能不得不等待，但在费城获得自由的机会还是有的。

华盛顿盲目地相信他能阻止奴隶们听闻这些法律，他坚持认为，最大限度的自由裁量权应适用于他们在费城内外的奴隶轮换计划。除了失去大量劳动力，更危险的情况是：如果贾奇和她的奴隶同伴发现他们在费城奴隶身份的真实情况，他们就会拥有更多的知识可以自我解放。权力将从总统手中转移到他的奴隶手里，这使他们不太可能再忠实地为主人服务，最终，他们可能会逃跑。华盛顿写道，如果他的奴隶知道他们有自由的权利，那将"使他们在蓄奴州变得傲慢无礼"。[14] 比起华盛顿总统，利尔更是不太相信奴隶们会自愿留在奴隶制的黑暗中。费城有一些人会提供帮助，即使不是鼓励贾奇和她被奴役的同伴们获取自由。利尔向华盛顿指出他的担忧，他说："有一些不求回报的人不仅会给他们（奴隶）提出建议，还会用尽一切手段引诱奴隶离开他们的主人。"[15] 如果华盛顿的奴隶没有逃跑，他们很可能会变得傲慢而无礼，因此也毫无价值，他们最终会毁于北部的自由。

失去奴隶不仅意味着失去面子。华盛顿仍然徘徊在破产的边缘，继续过着超出他能力范围的生活，失去这些奴隶只会加重他的财务困境。奥娜·贾奇、奥斯丁、贾尔斯、克里斯托弗·舍尔斯和里奇蒙德都属于帕克·卡斯蒂斯家族的财产，管理该家族的财产是总统的责任。如果他妻子的奴隶出了什么事，华盛顿将会承担责任。总统在写给利尔的信中说："我应该阻止他们获得解放，否则我不仅会失去他们的使用权，而且可能要花钱赎回他们。"[16]

这是很明显的。所有总统的奴隶都需要被小心监控。4 月 24 日，奥斯丁回到弗农山庄，里奇蒙德计划在第二天驶向亚历山大港。华盛顿夫人不敢冒险，很快组织了一次前往新泽西州特伦顿的旅行，她带着奥娜·贾奇和克里斯托弗一起，启动了他们的下一个六个月居住期。随着吉尔斯和帕里斯陪同总统到弗吉尼亚州，莫尔和赫拉克勒斯成为高街上唯一需要离开的两名奴隶。莫尔没有立即返回弗农山庄，有可能是总统夫妇信任她不会企图逃跑。但是，有很多现象表明，华盛顿夫妇对留在家里的另一名奴隶——厨师赫拉克勒斯非常担心，认为他需要被密切关注。

作为总统的名厨，赫拉克勒斯与华盛顿建立了一种亲密的关系，从而赢得了更高的地位和些许的尊重。他是高街上一名重要的职员，他为总统准备早餐玉米饼、白玉米薄饼以及周六晚餐的咸鱼杂烩。华盛顿夫妇依赖赫拉克勒斯，允许他出售不需要的厨房"泔水"，有机会赚到钱。茶叶、动物皮毛和仓库尾货都可以在市场上卖得好价钱，这使得这位奴隶厨师每年可以赚一百到两百美元。依靠他的个人收入，赫拉克勒斯购买了精美的服装，他可以在晚上散步时穿。他穿着一件带亮金属纽扣的天鹅绒大衣、锃亮的鞋子，带着一只怀表，离开主人的家，和他在费城的新朋友们交往。他的金头手杖和三角帽[17]提醒每个人他的经济地位，尽管他是名奴隶。

华盛顿夫妇很快就相信，如果他们的某个奴隶将使用法律来获得自由，那将是赫拉克勒斯。毕竟，他有财力支持自己获得自由。他们不会冒这个险。他们决定在每年夏天这个家庭返回弗吉尼亚度假之前，把赫拉克勒斯送到弗农山庄，这是一项奇怪的任务，鉴于赫拉克勒斯的重要地位，这会引起人们的质疑，但这是暂时阻止他走向自由之路的必要举措。

尽管对奥斯丁的回归，华盛顿夫妇找到了托词，但赫拉克勒斯过早离开的谎言和理由却暴露无遗，即便他们高度谨慎。总统府里流传着这一信息，但造谣者是谁不得而知。确实有人告诉赫拉克勒斯，根据宾州法律，他可以自我解放，很明显，他的主人正在找借口把他送回家。赫拉克勒斯知道华盛顿夫妇不信任他。他要做决定，他必须迅速做出决定。如果他利用宾州法律，他将不得不在他的自由和家庭之间做出选择，这是每个企图逃跑的奴隶都将面临的困境。他的女儿埃维（Evey）和迪莉娅（Delia）是在弗农山庄失去母亲的孩子，而他的儿子里奇蒙德（他并没有得到总统的青睐）在费城他的身边工作。如果赫拉克勒斯拒绝回到弗农山庄，他就会离开他的家人。他的孩子们肯定会面临报复，这迫使这位厨师认真考虑他的选择。

赫拉克勒斯选择了他的家庭而不是自由。也许这是一个容易做出的决定，也许是他经过深思熟虑后才做出的选择。但无论如何，一旦他做出了决定，他就知道他需要向华盛顿证明自己是值得信赖的。为了维持他在费城的地位，他必须消除主人对自己忠诚的担忧。赫拉克勒斯需要一个机会向总统的秘书说明他的情况，当然他不需要等待太久。

5月底，利尔通知赫拉克勒斯他将返回弗吉尼亚州，并观察这位厨师有没有做出不寻常或顽固抵抗的反应。利尔写信给总统说："如果赫拉克勒斯拒绝让他返乡的提议，那将是他打算在六个月期满后利用法律获得自我解放的一个强有力的证明。"[18]

利尔告诉赫拉克勒斯，第一家庭知道信息泄露了，而接下来发生的事情将告诉华盛顿夫妇他们需要知道什么。

赫拉克勒斯向利尔解释说，他无意离开他的主人，他的忠诚之心从来没有动摇过。不管赫拉克勒斯运用了什么技巧，结果是令人信服的，利尔接受了这位奴隶厨师告诉他的一切。利尔写信给总统说："（赫拉克勒斯）认为他对你的忠诚或依附可能会引起怀疑，这是对他最大的羞辱。"[19] 这位厨师成功地说服了华盛顿夫人和托拜厄斯·利尔，让他们相信自己可以在五月后，在六个月的逗留期满后继续留在费城。6 月 3 日，利尔为赫拉克勒斯买了两件新衬衫，并给了他至少 7.2 美元，以支付他前往弗吉尼亚的交通和食宿费用。[20] 利尔对赫拉克勒斯的信心比以往任何时候都要强烈，他写信给总统说，这位奴隶厨师"一直停留在这里直到今天，明天他将动身前往弗吉尼亚"。[21] 赫拉克勒斯的行动很成功，他又一次得到了主人的青睐。他还得再等六年，才有机会获得自由。1797 年 2 月 22 日，赫拉克勒斯逃跑了，从此再也没有出现过。那一天正是乔治·华盛顿的生日。[22]

华盛顿夫妇回避宾州法律的计划是成功的，从 1791 年到 1796 年的五年间，华盛顿夫妇小心翼翼地把他们的奴隶从宾州来回运送。托拜厄斯·利尔协助他的雇主轮流运送奴隶，但他也向总统明确表达了他对奴隶制的看法：

> 先生，现在请您允许我（我相信您会原谅我这样做）声明，您不应该有任何理由让我采取这些措施以延长奴隶制，我不是特别相信他们将在未来的某个时期得到解放，我坚信他们与您在一起的情况比他们在自由状态下的情况要好得多。[23]

利尔和华盛顿都对奴隶制度进行了家长式的分析，认为比起解放和独自生活，奴隶们和一个慷慨的主人在一起状况会更好。几十年后，南方人会用奴隶制度带来的好处阐明它的优越性。许多南方人认为，（与奴隶主在一起生活）奴隶们会被照顾得更好，吃得更好，住得更好，就好像他们是家庭成员一样。北部的奴隶解放使成千上万的前奴隶失去了帮助，南方人指责自由黑人正在北部城市中冰冷的巷子里活着或死去。许多人认为北部的自由是一种不那么人道的存在，让黑人男女死在大街上或者挨饿受冻。

但是，华盛顿总统一定是在早些时候的谈话中向利尔建议，他最终将释放他的奴隶，[24] 这促使利尔继续协助他。他将守护华盛顿夫妇的秘密，至少每六个月将总统府里的奥娜·贾奇及其他奴隶在南北之间来回转移。在返回弗吉尼亚的每一次漫长旅行中，贾奇都会考虑她回家后的损失和收获，她理解了南部的蓄奴制度和北部脆弱的自由之间日趋加深的鸿沟。

六 费城生活

费城第一个黑人卫理公会教堂（Bethel A. M. E. Church），建于 1787 年。

在六月初的一个星期二晚上，费城的萨瑟克剧院准备迎接总统和他的家人，剧院将上演由乔治·法昆（George Farquhar）创作的喜剧《完美计谋》（*The Beaux' Stratagem*）。华盛顿夫妇来到了剧院，并立即被带到东边的包厢，那里悬挂着美国盾徽。包厢里装饰着红色的帷幔，有带软垫的座位，在每一个后台入口都有士兵把守。这部喜剧充满了生动的场景和不恭的讽刺，让华盛顿夫妇非常开心。他们离开剧院后，想要和朋友和家人们，甚至包括他们的奴隶们分享他们的经历。第二天，奥娜·贾奇被获准与她的哥哥奥斯丁及穿着体面的赫拉克勒斯一起去这家剧院观看这一喜剧。[1]

18 世纪的舞台表演通常持续四到五个小时，包括音乐和舞蹈表演。贾奇坐在她的座位上——也许是在正厅后排，或者是在包厢的后面——看了这样一个故事：两个失去自己财产的年轻人决心寻找富有的妻子。主人公在寻找财富的过程中遇到了许多障碍，但最终，他们得到了爱和财富。（尽管表演给观众带来了乐趣，但它也提醒贾奇她的生活地位。她的主人虽然给了她戏剧入场券，但她永远也不能去寻找爱情和财富，只要她还是一名奴隶。）

总统府的奴隶们享受着新城市的大都市乐趣。除了到剧院，在主人的许可下，贾奇还去马戏团看了翻跟头表演。有时，总统或总统夫人会给他们的奴隶一些零花钱，允许他们去购物。1791 年 2 月22 日总统生日时，华盛顿夫妇分别给了贾奇、奥斯丁、赫拉克勒斯和莫尔一美元，建议他们为家人购买礼物，并把礼物带到弗农山庄。克里斯托弗只得到了 50 美分，[2] 这意味着主人对他的服务并不满意。由于他的前任非常出色，所以克里斯托弗任务艰巨，此时残疾的威廉·李已经回到弗农山庄。[3] 华盛顿与为其长期服务的威廉·李建立了很好的私人关系，很可能再也没有人能与总统建立那样的关系。

　　贾奇体验了一名城市奴隶的生活，对费城的文化场所和社会精英越来越熟悉。在陪伴华盛顿夫人的社交访问中，她逐渐成长为一名年轻的女奴隶，结识了许多城市的领导人和有影响力的人。尽管她不是受邀嘉宾，但她在政策制定者、银行家和政治家的妻子中频频露面，她接触到了那些极其圆滑老练的人。贾奇永远不会和华盛顿夫人的朋友们交往，但她一定熟悉美国顶尖政治家的奴隶和仆人。她成了费城白人和黑人中一个大家熟悉的面孔。

　　但是有一些地方和场所贾奇是不会去的。她主人的警惕目光无处不在，而华盛顿夫妇绝不允许他们的奴隶与费城的自由黑人有密切的联系。在贾奇抵达费城之前三年，包括理查德·艾伦（Richard Allen）和阿布萨洛姆·琼斯（Absalom Jones）在内的一群自由黑人组成了自由非洲协会（Free African Society）。这是费城第一个黑人互助协会，[4] 它的目标是帮助寡妇、穷人和逃奴等无法养活自己的人。他们把柴火、衣服和食物捐赠给费城陷入贫困泥沼的黑人，也捐钱给那些死去的人让他们有体面的葬礼。华盛顿夫妇会不惜一切代价阻止他们的奴隶接触城市的黑人领袖和先驱者。但这是一个几乎不可能完成的任务。不可避免地，奥娜·贾奇认识了费城的自由黑人，当她决定逃跑时，其中一些人会成为最支持她的朋友。

　　在接下来的五年半里（尽管每六个月轮换一次，回到弗农山庄或到宾州以外），贾奇在费城为她的主人尽心服务，她目睹着费城的其他奴隶摆脱了奴隶制的束缚。她与签署雇佣劳动的雇佣仆人交谈，向她的奴隶室友诉说她的生活和获得自由的可能性。在关于华盛顿轮换奴隶的信息泄露后，贾奇几乎不太可能还对宾州的法律一无所知。如果赫拉克勒斯知道宾州的法律和华盛顿的意图，那么贾奇肯定也知道。

贾奇可能认为，作为未成年人，她不能像赫拉克勒斯或住在总统府里的其他成年奴隶那样轻易地要求自由。如果她在离开该州之前逃离了她的主人，躲在费城的自由黑人中，她就可以挑战她的奴隶身份，但风险是很高的。因为贾奇的年龄在十八岁以下，她的奴役将会变成一份劳动契约，这份契约会把她的命运交到一个陌生的人手中，直到她二十八岁为止。她可能为一个特别残酷的雇主服务，这个人可能会要求更多的体力劳动或危险的劳动。更糟糕的是，她的新主人可能会强迫她发生性行为，这是每一位女奴隶和仆人在面对新的劳动任务时都会害怕的一件事情。虽然贾奇可能倾向于自由，但她肯定觉得在总统府里相对安全，并决定暂时留在那里。

在费城，贾奇并不是唯一对未来感到迷茫的人。虽然黑人解放运动触及了许多住在宾州的黑人男女的生活，但这是一个缓慢而烦琐的过程。宾州在渐进废除奴隶制方面可能是革命性的，但是对于费城的黑人来说，特别是对那些奴隶来说，变化并不是很快。有些人拒绝等待自由，选择更容易受伤害的逃奴生活。在 18 世纪 80 年代，超过 160 名奴隶冒着生命危险逃亡到北部的城市，[5] 为了追求自由和隐姓埋名的生活。大多数逃奴都是年轻的黑人男性，但是在费城为了加入她们流散在新英格兰的自由身份丈夫的行列，有少数女性也会企图逃跑，而且经常带着她们的孩子。

　　尽管自由黑人的数量在持续增长，但黑人男性和女性在费城仍然是少数。生活在一片以白人为主的土地上，贾奇一定感到很不适应。之前她只住在一个有两百多名奴隶的种植园里，即弗吉尼亚州的费尔法克斯县，那里居住着大量的黑人居民，她在那里度过了她的大部分时光。在弗农山庄附近居住着近4500名黑人，[6] 但只有135人是自由黑人。贾奇习惯于生活在黑人奴隶的周围，但费城却是一座白人占多数的城市。1790 年，第一批联邦人口普查人员统计有超过44000 名居民在费城及其周边地区安家，而黑人男女仅占全市人口的5%。[7]

　　比起释放女奴，贾奇看着奴隶主们以更快的速度解放他们的男奴，这使得女奴的人口数量更多，她们受奴役的时间将会更长。由于家务劳动是必需的，而劳工短缺使得好的仆人更少，工匠和商人更加依赖他们的女奴。贾奇一定认识一些住在费城的女奴，这提醒她自己并不孤单。但她也会明白她的同辈们最终会通过宾州法律得到自由，而这对她来说是不可能的。

　　大多数住在费城的黑人妇女都从事很长时间的家务劳动。事实上，对于任何种族的妇女来说，打扫房间和洗衣服之外的就业机会几乎都是不可能的，对黑人妇女来说尤其如此。自由黑人妇女在街上洗衣服，卖辣味浓汤、水果和蔬菜，或者捡垃圾，后者是那些穷困潦倒的人。通过翻捡垃圾堆，她们收集丢弃的衣服或布块，然后把它们清理干净，以便转售。这是一项苦力活，只有最小的经济回报，但它却是行之有效的，而且通常可以使黑人妇女和她们的孩子摆脱饥饿和营养不良。贾奇目睹了黑人的贫困，明白自由绝不是一件容易的事情。

贾奇也注意到黑人男女通过契约劳役来摆脱奴隶制。像乔治·华盛顿一样，许多搬到宾州的奴隶主（在1790年代圣多明各奴隶起义期间，后来是从海地，大量奴隶主涌入宾州）寻找绕过法律的方法，那些法律在他们居住六个月后便剥夺他们的奴隶财产。宾州的许多白人承认，废除奴隶制是既成事实，所以为了延缓这一过程，奴隶主主动释放他们的奴隶，但是选择与他们签订长时间的劳动契约。

但贾奇应该从远处观察到一些令人惊奇的事情正在这个城市发生。自由黑人社区正在组织创建，自由黑人创建了教堂、学校和社会团体，所有这些地方离贾奇的住所只有一墙之隔。虽然贾奇很可能是骑着马或步行经过由自由黑人的住所，但她不能停下来与他们的成员打招呼。如果主人发现贾奇与自由黑人交谈或交往，会让她在高街上处于危险的境地。她曾经看到华盛顿夫妇如何处理她那犯错的奴隶室友。华盛顿夫妇不会容忍自由蔓延进奴隶的生活。如果因为与自由黑人亲近而让主人有丝毫的怀疑，贾奇的生活就会产生翻天覆地的变化。

贾奇知道在高街上没有任何地方是安全的，包括她自己的住所。在1791年的春天，总统府迎来了新一轮的奴隶轮换，首先是马车夫奴隶贾尔斯。在陪伴总统的南部之旅中，贾尔斯严重受伤，可能是从马匹上摔了下来，这是一场普通但却改变他生活的事故。他的伤势如此严重，以至于华盛顿不得不让贾尔斯提前退休，[8]将他留在弗吉尼亚，再也没带到费城。这对贾尔斯来说肯定是毁灭性的，原因有几个。除了被迫返回弗吉尼亚，他不能再体面地为华盛顿一家服务外，贾尔斯将从事其他形式的服务并得到培训，很可能是制作扫帚或挖黏土之类的活，这是弗农山庄的奴隶们最不喜欢的工作。[9]

像贾尔斯一样，年轻的奴隶帕里斯也不会从弗农山庄再回到费城的总统府工作了，但原因却截然不同。帕里斯也陪同华盛顿总统访问了南部各州，但华盛顿对他的服务并不满意。总统写信给他的秘书说：

> 帕里斯变得如此懒惰、任性和无礼，以至于约翰（马车夫）不能管理他；约翰说，帕里斯拒不执行他的任何命令，也无视任何禁令。这种情况，加上贾尔斯再也不能赶马了，让我不得不为帕里斯在马厩之外另寻一份工作——当然，我要把他留在弗吉尼亚的家里。[10]

也许是帕里斯受到了在费城蔓延的自由的感染，也许这是一场艰难的南部之旅，让这位年轻的奴隶变得无礼。不管出于什么原因，在疾病夺去他生命之前的两年里，帕里斯一直在弗农山庄。[11]帕里斯被赶走一定让总统府的奴隶们印象深刻，而这时高街上唯一识字的奴隶舍尔斯又被送回了弗吉尼亚。他的读写能力有可能让第一家庭感到不安，他们认为他待在费城的风险太大了。贾奇和舍尔斯一起在总统府共事了两年，很可能因他的离开而感到难过。

然而，总统府的奴隶轮换程序并不是贾奇放慢脚步或反思得失的借口。事实上，它要求高街上的所有奴隶更快地工作，完成额外的工作任务，并坚持下去。贾奇明白，作为一名奴隶，在她的生活中发生的大部分事情都是她无法控制的，但她并不是唯一脆弱的人。费城的所有居民，包括华盛顿夫妇，很快就会面临生活环境的易变和不可预测性。

在 1793 年夏末，一场最严重的公共卫生危机席卷了这个国家的首都，造成了严重的破坏。男男女女都出现头痛、发冷、剧烈疼痛、胃部不适和黄疸等症状，然后就是呕吐和内出血。[12] 黄热病导致许多人死亡，[13] 成千上万的市民逃离这座城市，包括乔治·华盛顿夫妇。他们和贾奇一起撤退到弗农山庄，以逃避与可怕的疫情有关的死亡和破坏。18 世纪的医学仍旧远不是一门可靠的科学，很少有人能理解疾病的真正原因或传播途径。虽然黄热病是通过蚊子的叮咬而发病的，但许多人认为这种疾病与污浊的空气有关，从而使医生没有意识到预防保健的重要性或找到可能的治疗方法。直到 11 月的第一次霜冻，黄热病才消失。死亡人数惊人，有四五千名费城人死亡，这其中包括华盛顿的秘书托拜厄斯·利尔的妻子。波莉·利尔（Polly Lear）是被可怕的黄热病折磨的受害者之一，她于 7 月 28 日去世，年仅 23 岁。[14]

　　然而，在这一严峻的形势下，黑人社区领袖理查德·艾伦和阿布萨洛姆·琼斯看到了在宾州争取黑人权利的机会。不幸的是，他们的希望建立在著名的医生本杰明·拉什（Benjamin Rush）的错误信念之上。拉什是费城的一名顶级医生，在疫情暴发时，许多人向他寻求帮助。拉什错误地认为非洲人的后裔对这种疾病是免疫的。他宣称，没有黑人男性或女性在 9 月前染上疾病，他联系费城著名的黑人领袖，要求他们帮助招募黑人男性和女性，[15] 作为护士和挖墓人。

　　艾伦和琼斯认为这是一次提升城市黑人形象的机会。随着奴隶解放运动的推进，对种族平等的追求成为新兴黑人教堂和日益增长的自由黑人人口的一项重要任务。在琼斯和艾伦看来，协助白人将证明黑人男性和女性有能力成为好公民，是值得重要的费城贵格会信徒为他们提供废奴主义援助的。黑人领袖们把这一时刻看作是非洲裔美国人的机会，以扭转黑人作为懒惰、无耻和不合理的被解放者的负面形象。如果在这可怕的流行病肆虐时，黑人的援助有助于缓解这个正在逐渐接受奴隶解放的城市中日益紧张的种族关系，那么琼斯和艾伦就准备招募大量的黑人帮助护理那些病人，握住将死之人的手，为那些死亡之人挖坟墓。他们非常乐观地这样做了。

　　问题是本杰明·拉什医生错了。他关于黑人对疾病免疫的假设是错误的，黑人的死亡率和费城白人一样。当这座城市在炎炎夏日里瑟瑟发抖时，瘟疫不仅夺走了费城白人的生命，而且也袭击了黑人。事实上，在所有与黄热病有关的死亡人数中，非裔美国人占到10%。[16] 在黄热病爆发时，当白人开始指责黑人的不当行为时，黑人所受到的侮辱又加重了。黑人被指控利用白人的弱点，抢劫垂死的男人和女人，洗劫废弃的房屋。[17] 这样，一个缓解费城白人和黑人之间种族仇恨的机会消失了，这提醒自由黑人、黑人仆人和奴隶们，渐进地废除奴隶制不会在一夜之间消除长达几个世纪的种族暴力、对黑人的刻板印象和紧张关系。

然而，流行病确实给贾奇带来了积极的影响。对疾病传染的恐惧促使华盛顿一家收拾行装，回到弗农山庄。一回到她的出生地，贾奇就认识了她的新侄女。贝蒂·戴维斯生下了另一个女儿，一个和她的小姨同名的婴儿。[18] 小奥娜会提醒贾奇家庭的重要性和母亲身份这一礼物，这两样东西是她在费城为华盛顿夫妇服务时永远不会有的。再一次，贾奇回到弗农山庄的旅程苦乐参半。

秋天的冷空气杀死了首都携带病毒的蚊子，1793 年的黄热病疫情终于结束了。华盛顿夫妇和他们的奴隶，包括贾奇，在 12 月份返回费城，他们注视着这个被蹂躏的城市。当费城人哀悼 5000 名居民的死亡时，贾奇注意到的不仅仅是空气中的悲伤，还有这个城市中充满的一种更为激烈的种族冲突。黑人刚刚埋葬了自己的家庭成员，却又遭到了丑陋行为的指控。贾奇肯定听到了那些失去亲人的黑人的愤怒和怨恨的故事，他们郑重地试图证明自己是值得拥有自由和平等的。

不管是何种身份，自由的还是被奴役的，黑人仍然被认为是劣等种族。甚至当他们献出自己的生命来帮助白人时，他们仍然遭到拒绝和蔑视。对于像理查德·艾伦和阿布萨洛姆·琼斯这样的自由黑人领袖来说，这是一次宝贵的教训，而对于像贾奇这样的人来说，这也是一个教训。作为一名奴隶，生活剥夺了她的尊严和人格，作为一个自由人，尽管会更好，但也不能简单轻松地生活。她深刻地思考了她的处境和她的未来，但当她收到关于她哥哥奥斯丁的坏消息时，她的思绪戛然而止了。

像贾奇一样，奥斯丁曾在纽约和费城为华盛顿夫妇服务，每六个月就往返于弗农山庄。奥斯丁计划于 1794 年 12 月返回弗吉尼亚，并急于见到他的妻子夏洛特和他们的五个孩子。[19] 作为一位更值得信赖的奴隶，奥斯丁独自返回弗农山庄，并带着 20 美元的车旅费。在他离开三天后，有人从马里兰州寄来一封给总统的信，讲述了这样一场可怕的事故。奥斯丁所坐的船在马里兰州哈福德附近的水域经历了一段艰难的航行，"遇到了很大的困难……才驶出来"。奥斯丁"很可能失去了生命"。[20] 事实上，在被从河里拖出后不久，奥斯丁就去世了，他去世时只有 35 岁左右，留下了他在弗农山庄的妻儿和费城的妹妹。

奥斯丁的死讯无疑震惊了贾奇。奥斯丁是她在纽约和费城期间唯一的亲人，现在她将不得不独自一人忍受在北部的剩余时间。

这个消息对奥斯丁的母亲贝蒂来说打击太大了。贝蒂上了年纪，现在已经 50 多岁了，体弱多病。更糟糕的是，冬天对老年人来说总是很困难，尤其是那些患有慢性病的人，以及住在附近没有保暖效果的小木屋里的奴隶。她的病情确实加重了，1795 年 1 月，有人告知乔治·华盛顿她的死讯。总统认为贝蒂的死亡对她来说是仁慈的，解除了疾病对她的折磨。他写道："老贝蒂的去世，对于她本人、她的孩子们和朋友们来说都是一件好事；她的生活已经苦不堪言，对她周围的人来说她都是一件麻烦事。"[21] 作为一名奴隶主，华盛顿想到的不仅是贝蒂所忍受的痛苦，还有她所需要的关怀。老年人或体弱多病的奴隶被认为是一种累赘和财务消耗，因为吃穿住行的费用不能得到补偿。对华盛顿来说，贝蒂的死是一种经济上的解脱，但对贝蒂的家人来说，这是一个不可弥补的打击。

1795 年，余下的四名奴隶——莫尔、赫拉克勒斯、里奇蒙德和贾奇返回高街，他们欢迎一名叫乔（Joe）的新奴隶到华盛顿家里。[22] 贾奇的心理也发生了变化。她不再是一个年轻的姑娘，20 岁出头的时候，她已经非常成熟，并一直保持着玛莎·华盛顿第一女仆的地位。当华盛顿总统开始其第二任期时，贾奇留在了总统府，她已经习惯了定期往返弗农山庄的旅行。在她母亲和哥哥去世后，她曾经熟悉的弗农山庄已经消失了，这也许提醒贾奇弗农山庄不再是她的家，而北部才是。

七　婚礼

伊丽莎白·"贝齐"·帕克·卡斯蒂斯

　　住在总统府的奴隶们以最小的事情衡量他们的胜利。第一夫人心情好就是胜利，总统被激怒就是失败。对于为华盛顿夫妇服务的奥娜·贾奇和其他奴隶们来说，未来是不可预测的，而最微不足道的事情，如偶尔烹煮过度的一顿饭或带有敌意的政治新闻，都可能在一瞬间改变他们主人的情绪。在他的同僚看来，总统并不是一个暴力的奴隶主，但是，在费城和弗农山庄为他工作的所有奴隶都知道，偶尔他也会发脾气。1796 年 2 月，一封信激怒了总统，让所有人，奴隶和仆人，无论黑人还是白人，都小心翼翼地对待华盛顿夫妇。

总统和第一夫人很享受阅读他们从弗吉尼亚收到的信件，尤其是家人和朋友写的信。通过邮件传来的故事和报道让他们想起了弗农山庄的简朴生活，有时这些信还安抚了玛莎·华盛顿的思乡之情。然而，信件也可能带来最可怕的消息，如死亡公告或烟草歉收的信息。当总统打开他继孙女的信时，他希望得到好消息，但他失望了。

19 岁的伊丽莎白·帕克·卡斯蒂斯（Elizabeth Parke Custis，她的家人叫她贝齐 [Betsey]，她的成年朋友叫她伊丽莎 [Eliza]）住在弗吉尼亚，她分享了一些事情，还有一个紧急的消息，需要她的祖父母迅速做出回应。没经他们的同意，伊丽莎答应了一位求婚者，让所有人吃惊的是，这段关系很快就变得严肃起来。她那位不为人知的男友名为托马斯·劳（Thomas Law），他在 1794 年移民到美国，在很短的时间里，他就在联邦城周围的土地开发中投入了大量的精力。在这个国家未来首都的土地上，人们可以赚到很多钱，劳也决定加入土地投机和基础建设中去。

劳曾在印度生活了很长一段时间，在那里为英国政府担任政策制定者，而现在，托马斯·劳发现自己站在这个新国家的最特殊的位置。他爱上了总统的孙女，一位比他小 20 岁的女人。托马斯·劳和伊丽莎·卡斯蒂斯私下互定终身，[1] 但他们都知道，他们的结合需要得到这个新国家最有权势的人的认可。

虽然伊丽莎最初向祖父母隐瞒了与劳的关系，但她现在请求他们支持，要求总统在匆忙决断之前，仔细考虑她的订婚消息。她还要求总统在收到她未婚夫的信之后再做出决定。伊丽莎知道她的祖父母，尤其是她的祖母会对这个消息感到不安。

奥娜·贾奇目睹了第一夫人的担心，对于一位失去所有孩子的妇女来说，这再正常不过了。对玛莎·华盛顿来说，她的孙辈是她已故继承人留下的唯一亲属。她与丹尼尔·帕克·卡斯蒂斯的两个孩子（丹尼尔和弗朗西斯）在他们五岁生日之前就被死神肆意夺走了。年轻的帕琪在 17 岁时因癫痫突然发作而离世，她的哥哥约翰在 27 岁时因病去世。现如今玛莎·华盛顿是一位没有孩子的中年妇女，所以她把所有的注意力都转移到她的孙辈们身上——奈利、沃什、伊丽莎和玛莎（她的朋友们叫她帕琪）。

华盛顿夫妇膝下无子。虽然玛莎·华盛顿在与总统结婚时只有 27 岁（她比华盛顿大 8 个月），但她从未给他生过孩子。这一定让这对夫妇感到失望，尤其是对总统来说，但他们最终会得到一个共享育儿经验的机会。玛莎唯一幸存的儿子约翰（被亲切地称为杰克 [Jacky]）去世后，玛莎和乔治·华盛顿把他的两个小孩接到他们家。总统夫人成为奈利·卡斯蒂斯和小沃什·卡斯蒂斯的看护人，而他们的姐姐伊丽莎和帕琪则与她们的母亲一起生活在弗吉尼亚。玛莎·华盛顿许诺负责这四位卡斯蒂斯家族继承人的生活。

现在，她的一个孙女做出了一个重大的、改变一生的决定，等待华盛顿的批准，而且还有很多值得担心的事情。托马斯·劳和他的三个孩子中的两个来到了美国，这两个孩子都是他和一个印度女人的后代。劳的混血孩子和他的年龄无疑引起了华盛顿夫妇的担心，而他的英国公民身份更让玛莎和乔治·华盛顿有理由犹豫不决。他们亲爱的贝齐会和她的新配偶一起到国外生活吗？法律会同意他们留在美国吗？

总统府里充满了紧张的气氛。虽然这是华盛顿家族的事情，但住在总统府里的每个人都清楚地知道发生了什么事，包括奥娜·贾奇，在某种程度上，她需要对女主人的幸福负责。贾奇在满足玛莎·华盛顿的需要时，会小心谨慎地工作。

第一夫人一直忙于准备即将到来的"生日宴"舞会，以庆祝总统 64 岁的生日，她完全没有准备好处理她孙女的爆炸性消息。[2] 贾奇习惯了在总统府里观察紧张的局势，所以她一如既往：留心观察，少说话，但要听闻一切。

三天后，乔治·华盛顿收到托马斯·劳的一封信，[3] 信中宣布他与伊丽莎结婚的打算，毫无疑问，他请求得到批准和祝福。总统夫妇讨论了这一情况，当开始下雪时，总统坐下来分别写信给他的孙女和托马斯·劳。[4] 在他于 1796 年 2 月 10 日写给伊丽莎的信中，华盛顿承认他顺从了孙女的请求。直到收到她未婚夫的来信，他才回信给她。他询问伊丽莎，她是否确信劳就是她要选择的那个人。
总统写道：

如果托马斯·劳先生是你要选择的人，毫无疑问，他拥有
吸引你的优点，你已经宣称他不仅可以这么做，而且从内心深
处，你发现没有他你将不会幸福——既如此，你与他的结合，
已经得到我的认可。是的，贝齐，这种认可伴随着我真挚的希
望，在这件重要的事情中，你会像你最乐观的想象那样快乐。[5]

在给托马斯·劳的信中，华盛顿透露出恼怒，他明确表示，劳
与他孙女的结合是完全出人意料的。不过，总统还是同意了他们的
结合，并补充说，"衷心祝愿你们俩在婚姻中都是无比幸福的"。[6]

他在信的结尾强调了他的家人希望伊丽莎留在美国的愿望，写
道，"通过这件事，我们希望你将留在美国发展（如果之前不是的
话），因为如果你将伊丽莎和她在这个国家的朋友分开，那将是令人
心碎的"。[7] 总统明确地建议劳和他的孙女待在美国，随后便邀请他
们参观总统府。

❉

玛莎·华盛顿作为第一夫人的岁月教会了她公开露面的艺术。
她拒绝让她的担心变得人尽皆知，相反她表现得好像对她孙女即将

到来的婚姻不能再满意了。第一夫人将消息告诉所有愿意参加即将到来的婚礼的人，假装她是一位骄傲而又兴奋的祖母。然而，很明显，华盛顿夫妇的朋友圈和家人都认为这场即将到来的婚礼是不正常的。政治圈里的人开始议论纷纷，甚至华盛顿的盟友、副总统约翰·亚当斯在给他的妻子阿比盖尔（Abigail）写信时，也写下了关于总统的流言：

> 我有很多消息要告诉你。——我最后一次和总统夫妇吃饭时，华盛顿夫人告诉我，贝奇·卡斯蒂斯将于下个月完婚，嫁给劳先生，那位英国东印度公司的官员。这位善良的女士像个女孩一样快乐，并且用一种非常幽默的方式讲述这个故事。劳先生说他只有35岁，而印度的恶劣气候让他看起来显得更老，但他的体质并没有受损。他请求离开弗吉尼亚州，并得到了总统夫妇的祝福。他要在联邦城里建造一所房子，并住在那里。他有两个孩子出生在印度，但没有解释他们的更多信息。[8]

当政界要人和朋友谈论总统的孙女时，玛莎·华盛顿隐藏了她的担忧。作为一位一贯保护孙辈的祖母，在华盛顿的生日庆祝会上，她通过幽默和愉快的谈话来减小伊丽莎那不正常婚姻的影响。然而，在强颜欢笑的背后，玛莎·华盛顿正在为她孙女的未来制定一个计划，这个计划将会颠覆贾奇的生活。

伊丽莎的订婚分散了乔治·华盛顿关于自己的担忧：当他宣布他的未来计划时，他一定引起了失望。他一直在纠结是否要竞选第三任总统任期，在 1796 年初，总统没有同意大家的强烈要求，决定退出公共生活，并开始准备向美国人民做告别演说。[9] 随着华盛顿做了这一决定，玛莎知道，她回到弗吉尼亚是迟早的事情了，她会和她的朋友和家人联系，会帮助伊丽莎操办婚事。

贾奇肯定也知道她在费城的时间不多了。1796 年 3 月 21 日，伊丽莎·卡斯蒂斯的婚礼在弗吉尼亚的"霍普公园"举行，这是伊丽莎的继父大卫·斯图尔特（David Stuart）医生所建的一处房产，而华盛顿将从总统办公室退休的消息在其家庭成员中已不再是秘密。住在总统府的奴隶们明白，他们在费城的日子即将结束。贾奇认为她在北部长达七年的居住经历是漫长而又艰苦的，而想要回到弗农山庄也并不是一件容易的事。的确，贾奇并没有真正想要回到弗吉尼亚，她对弗农山庄也没有强烈的感情。

难道这不正好是奥娜·贾奇抓住时机，离开华盛顿夫妇，永不回头的机会吗？她能下定决心以及拥有力量离开她所知道、所熟悉的一切吗？有几个因素影响了她的决定，并使得选择的天平朝另一个方向倾斜。

贾奇最大的担心是，一旦逃跑她可能再也不会见到她在弗农山庄的大家庭了。她活着的弟弟妹妹们还留在弗农山庄，希望有一天能和他们的姐姐团聚。费拉德尔菲亚和贝蒂·戴维斯继承了她们母亲的传统手艺，每天为华盛顿一家缝制衣服，[10] 但贝蒂·戴维斯的事可能会影响贾奇的想法。贾奇知道费拉德尔菲亚是在主屋内工作，但贝蒂·戴维斯在更远一些的地方。戴维斯有些时间在主屋，有时候在杜格卢恩（Dogue Run，弗农山庄上的另一个农场）。有些时候戴维斯也考验着主人的耐心，以至于到 1795 年，华盛顿用带有憎恶的话语描述她。他实在是不喜欢贝蒂·戴维斯。

　　总统已经厌倦了贝蒂·戴维斯公开展示的那些借口、她的顽固以及懒惰。许多奴隶主绝不会容忍这种行为，他们会使用暴力惩罚或出售威胁来根治这些不服从现象。总统提醒他的农场管理员威廉·皮尔斯（William Pearce）密切关注戴维斯，认为她会找出各种借口来逃避工作。华盛顿写道："如果她假装生病，没有明显的原因或明显的影响使她无法工作，我将无法从她那里得到任何服务；这样一位懒惰的、爱撒谎的、无耻的轻佻女子，在美国绝无仅有。" [11]贝蒂·戴维斯在拍卖台上可能会拍出高价，因为她只有 25 岁，生育能力仍然比较强。毫无疑问，贾奇知道这一切，并且担心她的姐姐。

　　另一方面，如果总统退休，贾奇回到弗吉尼亚后的前途就成了问题。一旦她回到弗农山庄，她的职责很可能会改变，可能还会有新的任务，这些任务可能是对南部的农村人来说更繁重的体力劳动。贾奇也明白，她在北部所享受的私人时间在弗吉尼亚是很难获得的。在费城时，华盛顿的社交日程表上充斥着各种晚餐和聚会，这些时候贾奇可以在她缝纫的地方忙里偷闲，与家奴和工作人员交谈，去看戏，或者干脆休息。她知道，一旦她回到弗吉尼亚，这种生活就结束了。

总统府的奴隶们都不知道未来会发生什么。然而，对于奥娜·贾奇来说，这种不确定性随着一则令人震惊的消息而消失了。伊丽莎的婚礼将会缩短她在费城的时间。那些在费城为总统服务的人很可能会通过传统的夏季家庭旅行回到弗农山庄，除了贾奇。她在费城的时光已经所剩无几。

玛莎·华盛顿知道她的孙女对与托马斯·劳的婚姻毫无准备。她明白伊丽莎对伴随着新婚的责任一无所知，更不用说在联邦城建立一个新家庭了。为了帮助伊丽莎顺利地进入她的婚姻，玛莎·华盛顿准备插手干预，并向伊丽莎提供她所需要的支持：她将把贾奇作为新婚礼物赠送给伊丽莎。

如果贾奇曾经认为她对主人的亲密感情以及责任将会使她得到优待，她现在就能更好地理解这种"优待"了。这位女奴现在知道，在她主人的眼中，她是可替代的，就像为华盛顿夫妇辛勤劳作的几百个奴隶一样。贾奇可能是无意中听到了华盛顿夫人和伊丽莎的谈话，或者华盛顿夫人只是简单地提到了赠送奴隶的消息。不管这一信息是如何传达的，贾奇都知道她最终会被交给这对新婚夫妇。每位奴隶都知道，主人的死亡标志着所有权的改变，所以贾奇知道有一天她将不再为华盛顿夫妇服务。但是，伊丽莎的婚礼使得贾奇意识到，她离开弗农山庄可能比她想象中还要早，这一前景严重影响了她的想法。

贾奇知道什么也不能改变第一夫人的想法。尽管贾奇曾拥有行政大楼里最受尊敬的职位之一，但她永远是一名奴隶，她的感情和想法对玛莎·华盛顿或其他任何掌权的人来说都无关紧要。突然间，惊讶变成了愤怒，而愤怒很快变成了恐惧。

她所感受到的焦虑，不仅是因为她不得不离开费城，还因为她不得不为伊丽莎服务，这是一位有着暴风雨般名声的年轻女子。所有认识总统孙女的人都对她的固执以及对礼仪的完全漠视议论纷纷。伊丽莎不像 18 世纪的多数精英女性，因为她很自信，拒绝在男性权威中退缩。她的家庭成员曾打趣说，"她的品位和消遣更像一个男人，后悔自己不能穿裤子"。[12] 伊丽莎想做什么便做什么，经常发脾气，情绪不稳定。有时，她拒绝去教堂以及参加其他强制性的社交活动，[13] 她与托马斯·劳的迅速订婚 [14] 提醒了每个人，伊丽莎是她自己生活的主宰者。

乔治·华盛顿经常觉得伊丽莎的古怪行为很有趣。但是，那些服侍伊丽莎的奴隶们却觉得她很难相处。毫无疑问，在协助伊丽莎前往总统官邸的过程中，贾奇与伊丽莎有过充分的接触，当然，她最能体会这位善变的孙女的坏脾气。

虽然无论主人是谁，奴役都是可怕的，但总有可以比较的空间。乔治·华盛顿和玛莎·华盛顿不会无端愤怒，情绪相对稳定且可以预测。对于贾奇来说，被赠送给脾气暴躁如同火山的伊丽莎可能会让她的生活变得更糟糕。

贾奇也同样担心华盛顿家族的新成员，那位有着坏名声的人。

在到达哥伦比亚特区之前，托马斯·劳在印度发家致富。这位土地投机商在这座新城附近购买了近500块土地，希望一旦首都南迁，他就会盆满钵盈。虽然他与总统孙女的迅速订婚使得别人将他描绘成一个机会主义者，但贾奇更担心他的行事原则和行为，尤其是考虑到他的家庭背景。这个家庭的新成员里有他三个儿子中的两个，这两个儿子都是私生子，是一位印度妇女的孩子。虽然在弗农山庄有许多这样的混血儿（贾奇本人就是其中之一），但劳的孩子们印证了每一位女奴的担心：托马斯·劳与非白人妇女睡过，他并不在乎流言蜚语。

贾奇一定很担心她可能成为托马斯·劳的下一个性目标。她很年轻，很有魅力，现在将成为他家里的奴隶。贾奇要避免他的求爱几乎是不可能的，这是所有女奴要面对的现实，这种现实加剧了年轻女孩的恐惧。强奸和被迫生育使奴隶制度的后果更加严重，这提醒每一位被奴役的妇女，永远不能免于遭受性攻击。这些年轻奴隶女孩的母亲、姨妈和姐妹们警告她们的女性亲属，她们的被奴役伴随着性危险。对她们成长到青春期前可能发生的事情的了解使得她们懂得未来的不确定性。女性作家、逃奴哈丽特·雅各布斯（Harriet Jacobs）很清楚这一弱点，并描述了她在新主人处的遭遇：

> 无论奴隶女孩的皮肤像乌木一样黑，还是像她的女主人一样美丽。在任何一种情况下，都没有法律保护她免受侮辱、暴力甚至死亡；所有这些都是由恶魔造成的，他们是男人的化身。[15]

　　对于像贾奇这样的年轻女性来说，未知的危险——伊丽莎的脾气和劳的性攻击——都是她逃跑的迫切原因。费城的生活展现给贾奇的不仅是能从自己的劳动中获益，还有在法律允许的情况下选择配偶、成家以及养育不属于白人主人的孩子。华盛顿夫妇的孙女现在已经结婚了，之后将成为母亲。对贾奇来说，如果她被赐予伊丽莎的话，缔结一段合法的婚姻将是不可能的。

　　玛莎·华盛顿决定将贾奇移交给伊丽莎，这一决定提醒着贾奇和所有在总统府工作的奴隶们，无论他们多么忠诚，他们对自己的生活都没有绝对的控制权。这个年轻国家的奴隶们都梦想着希望得到解放，但是贾奇不需要想象任何事情。在费城，她可以看到自由，感受自由，在最小的方面体验自由。贾奇在北部的时光和她往返于南部的时光，以及她有可能永远不再回南部的信念，这些都迫使她深入思考她的未来。

八 逃奴

Ten Dollars Reward.

ABSCONDED from the household of the President of the United States, on Saturday afternoon, ONEY JUDGE, a light Mulatto girl, much freckled, with very black eyes, and bushy black hair—She is of middle stature, but slender and delicately made, about 20 years of age. She has many changes of very good clothes of all sorts, but they are not sufficiently recollected to describe.

As there was no suspicion of her going off, and it happened without the least provocation, it is not easy to conjecture whither she is gone—or fully, what her design is; but as she may attempt to escape by water, all masters of vessels and others are cautioned against receiving her on board, altho' she may, and probably will endeavour to pass for a free woman, and it is said has, wherewithal to pay her passage.

Ten dollars will be paid to any person, (white or black) who will bring her home, if taken in the city, or on board any vessel in the harbour; and a further reasonable sum if apprehended and brought home, from a greater distance, and in proportion to the distance. FRED. KITT, Steward.
May 24

克莱普尔的《美国每日广告报》刊登的有关奥娜·贾奇逃跑的广告，1796 年 5 月 25 日。

　　在 1796 年的春天，贾奇的脑子里满是幻想、噩梦、计划和挑战。她应该很难专注于她的正常工作，但这仍是一个基本任务。当她在睡觉前为玛莎·华盛顿梳头时，她小心翼翼地把握力度，唯恐拽着年迈的第一夫人的头皮。六十多岁的女性总是哀叹脱发，所以贾奇梳理每一绺头发时都很温柔。但是她还是走神了。贾奇对回到弗吉尼亚并成为伊丽莎·劳的财产的担忧是非常强烈的，这多少会让人分心。当家奴和仆人们开始准备返回弗农山庄时，贾奇表面上继续表现得恭敬而顺从，而她内心却变得更加焦虑不安。每天晚上，当贾奇清洗完华盛顿夫人的裙子，擦掉第一夫人鞋子上的泥土和污垢后，她都会仔细思考那些被禁止的事情，并认真地考虑寻求帮助。然而，她还是被吓坏了，一想到"逃奴"或"逃跑"这样的字眼，她的心跳就乱了节拍。

她记得跟随华盛顿夫妇第一次来到费城时，她听到了关于日益增长的有关"逃奴问题"的讨论。[1] 尽管在全国范围的废奴问题上，纽约和新泽西州拖了后腿，但大西洋中部和上南部的奴隶都知道能在北部的小镇和城市得到自由，几乎宾州以北的所有州都已经通过某种形式的渐进废奴法律。不过对于那些胆敢离开他们主人的小农场或商店的奴隶，无数的障碍依旧阻挡着他们。毫无疑问，贾奇在新首都的街道上看到了这些逃奴，这些男人和女人拼命地想要隐藏他们的过去，隐藏他们南部的口音，或者避免被前主人的熟人认出来，这些熟人很容易背叛他们。

贾奇一定听过这样的故事，讲述从主人那里逃走是多么困难。逃奴面临的首要困难就是北部的气候问题。从像费城这样的城市到新英格兰的小城镇，天气一直变化无常，东北部寒冷的冬季促使奴隶们考虑在春季或夏季逃跑。特拉华河每年都有两到三个月的时间结冰，这封锁了沿水路逃生的路线。北部的小河和溪流也无法通行，这常常使得那些勇敢和绝望的逃奴过早死亡，死在寒冷之中。大雪覆盖和冰冻的泥泞道路也无法通行，即使是最强壮和最灵活的逃亡者，也会被困在路上。许多人在北部的洞穴、谷仓和小巷里躲藏，几乎没有食物，也没有合适的冬衣或鞋子，因此失去了生命。[2]

饥饿使得逃奴拼命寻找食物，但是在漫长的冬天那几个月里，没有蔬菜和水果。[3]在大雪和冰层中，捕鱼和狩猎也是极其困难的，这促使人们跑到附近的农场去偷猎小动物。事实证明，这是一种铤而走险的行为，会使得逃奴逃跑失败，因为农民会注意到丢失的小牛或小鸡。

奥娜·贾奇正在考虑在春天或夏初逃跑，这也充满了挑战。持续的高温和湿气可能会使逃奴过早死亡，因为中暑会导致呕吐和严重的昏迷。脱水使已经疲惫不堪、眼窝深陷的逃奴无法行进，因为最健康的逃奴也只能忍受在三到五天内缺水。春天和夏天的雨水把土路变成了泥泞的沼泽，同时泥石流也会夺去人的生命。当然，高文盲率使大多数逃奴几乎读不懂道路标记或指示。即使给她一张地图，贾奇也看不懂。

"地下铁路"的安全屋拯救了很多逃奴的生命，在这之前的很多年里，大多数逃奴几乎没有任何庇护和保护的选择。森林和荒野可以保护逃奴躲避当地居民的视野。[4]茂密的灌木丛和稠密的森林提供了隐蔽的场所，就像废弃的小屋和石头洞一样。

除了恶劣的天气条件外，贾奇可能还在考虑究竟有多少女奴成功地逃脱了。不像贾奇，从宾州到弗吉尼亚的大多数逃奴——90%——都是男性。在南卡罗来纳州和上南部的部分地区也是如此。[5]女性逃奴数量极低的原因有很多，但历史学家们把重点放在了母亲和孩子之间的联系上，这是女奴逃跑的主要障碍。

在南部农村地区，受奴役的孩子更多与母亲，而不是与父亲一起生活。"跨庄园婚姻"（Abroad marriages），[6]指生活在不同财产庄园的男奴与女奴之间的婚姻，通常使丈夫和妻子相隔数英里。由于无法缔结合法的婚姻，以及不加区分的奴隶出售，孩子们常常被迫与他们的父亲分离，有时，这些年幼的奴隶会跟他们的父亲永久分离。

大多数逃奴年龄在 16 岁到 35 岁之间，这个年龄段内的女奴常常处在怀孕、哺乳或照顾孩子的时期。被奴役的母亲们担心她们被遗弃的孩子，害怕孩子们遭到其小心眼的前主人的报复。当然，这种恐惧使得作为奴隶的母亲们被束缚在他们主人的家庭和地产里。拖着孩子一起成功逃脱是非常困难的，因为携带婴幼儿的长途旅行减小了奴隶逃脱的成功机会。在黑暗的森林和寒冷的洞穴里，孩子们由于饥饿和疲劳的哭闹很容易被发现。由于无法快速行走和转移，小孩子减缓了通向自由的奔跑速度。对于一个健康的成年人来说，逃离他的主人都是很困难的，因此对于带着孩子的女奴来说，成功逃跑几乎是不可能的。贾奇没有孩子，就不必面对丢下孩子的担忧。当然，如果她下定决心逃走，她就会切断与弗农山庄的家人的联系，这当然是一个很可怕的选择，但这和留下一个婴儿完全不同。

在本杰明·富兰克林的《宾夕法尼亚公报》(*Pennsylvania Gazette*)中经常出现追捕逃奴的广告，毫不奇怪，大多数广告都在试图追回男奴。在整个殖民地时期，逃奴广告的数量不断增加，在贾奇到达费城后，《宾夕法尼亚公报》上每年平均有 26 则逃奴广告。[7] 在广告中出现的女奴都是来自费城和周边县的逃亡者。1790年 9 月，在《宾夕法尼亚公报》上刊登了一则逃奴广告，一位名叫凯特（Kate）的女奴在 8 月 23 日夜里逃跑了。这名 21 岁的逃奴离开了她切斯特郡的家，据说"和一位名叫查尔斯（Charles）的黑人私奔了"。广告悬赏带"这位混血女孩"回家的人四美元的报酬。她随身带着"一顶旧的黑皮肤无边帽，一件长外衣，上面有红、蓝、白三色条纹，还有两件短的蓝、红、白条纹的上衣以及一条宽大的白色披肩"。[8] 一个月后，在《宾夕法尼亚公报》上刊登了另外一则广告，追缴一位名叫南希（Nancy）的 35 岁的女逃奴。广告悬赏八美元追缴这位女奴，她被描述为"黑皮肤的，但不是最黑的"，她"出身乡村，并且非常熟悉农民的厨房工作"。[9] 报纸上的广告提醒着费城的奴隶和自由黑人，自由是难以得到的。虽然在费城许多黑人得到了解放，但在周边的乡村，还有很多黑人受奴役。尽管贾奇不能直接阅读报纸上的广告——总统的奴隶几乎都是文盲——但口口相传很快就通过黑人社区把这类信息传播给热切的听众。

成功逃跑的逃奴给那些仍然处于束缚中的奴隶带来了希望，失败的逃跑尝试也提醒他们失败带来的严重后果。奴隶经常因逃跑而被鞭打或殴打，有时是在他们逃离的小农场或大庄园里，当着亲属和其他奴隶的面。

❧❋❧

尽管住在费城，华盛顿对弗农山庄任何奴隶逃跑的企图都保持高度警惕。虽然据传闻，总统总是避免分裂奴隶的家庭，但当他认为合适的时候，也并不反对惩罚或贩卖难管理的奴隶。在 18 世纪 90 年代初奴隶们疯狂的反抗无法控制的情况下，华盛顿至少将两名难对付的奴隶卖到了加勒比海地区。华盛顿威胁一名叫本（Ben）的奴隶，他再也不能容忍他违抗命令了：

> 如果他不能以和平的方式尽快停止反抗行为和做坏事，我将把他送去西印度群岛 [原文如此]（正如我对马夫杰克所做的那样），在那里他没有机会像现在这样搞恶作剧。[10]

1791 年，奴隶马夫杰克被出售，换了一些酒。[11]

贾奇除了知道她的主人会因为一名奴隶的严重违规行为而将其出售，也明白弗农山庄的奴隶承受着身体暴力。1793 年 1 月，华盛顿宽恕了对贾奇的嫂子夏洛特的鞭打。弗农山庄的地产管理人安东尼·怀廷（Anthony Whiting）写信给总统描述了这位不听话的裁缝，讲述了夏洛特的不断反抗。怀廷写道，他"适当地鞭打了她……"，当他说他"决心要杀杀她的锐气，或者让她的背部受点伤害"时，他对夏洛特进行身体暴力的计划已经很明确了。[12] 华盛顿回信说，"如果她，或者其他任何仆人，不以适当的方式履行他们的职责，或者表现不礼貌，那么（作为唯一的选择）就必须给予纠正"。[13]

在夏洛特遭受残酷鞭打一个月后，海地奴隶起义仍然萦绕在很多人的脑海中时，华盛顿开始着手缓解南部奴隶主的一些担忧。在费城任总统两年多后，总统签署了《逃奴法》，建立了抓捕和追缴逃奴的一套法律机制。根据这项法案（1793 年 2 月签署），奴隶主或其代理人可以合法地抓捕逃奴，迫使被逮捕的奴隶出现在逮捕他的当地法官或治安法官面前。在出示书面或口头的奴隶主"所有权证明"后，法官便可以命令归还逃奴。这项有争议的法律还规定：

> 任何人故意妨碍或阻碍奴隶主、其代理人或律师，扣押或逮捕逃奴，或将其从奴隶主、其代理人或律师手中解救出来，根据本条款将被逮捕；或者在得知他或她是一名在逃奴隶后，对这些人进行庇护或隐瞒，如上所述，对于上述任何罪行，将罚款 500 美元。根据索赔人的利益，对于可以通过债务诉讼弥补损失的，可以在任何正当的法院进行同等的审判，此外保留要求劳动或服务者因所受损害而提出诉讼的权利。[14]

明确地说，那些有意干预逮捕逃奴或向逃奴提供援助和帮助的人，会被处以高达 500 美元的罚款，被监禁，并被奴隶主起诉。[15]
南方人为这项新法律而欢欣鼓舞，认为这是跨州追缴自己的奴隶财
产在司法上的胜利。然而，对于那些不再执行或实行奴隶制的北方
人来说，这项法律提醒人们在奴隶制问题上南北存在着越来越大的
分歧。北部各州别无选择，只能接受联邦政府对逃奴问题的干预，
但值得注意的是，国会并没有全体一致投票通过《逃奴法》。

北部各州认为 1793 年《逃奴法》是违宪的，它们认为该法案剥
夺了各州通过立法解决逃奴问题的权利。该法案通过后不久，许多
北部州通过了"人身自由"法案，要求陪审团审判那些被指控为逃
奴的黑人。一些北部州也使用人身自由法案以确保如果没有采取适
当的措施，"重新抓获"逃奴可能会被视为绑架罪。另一方面，南部
各州则认为《逃奴法》保护了它们的财产权，这项法律对于执行宪
法中的逃奴条款是必要的。[16]

就像高街上的奴隶们知道宾州的渐进废奴法一样，他们对新的
联邦法律也有一定的了解，这使得逃跑更加困难。毫无疑问，贾奇
知道逃跑的后果有可能是很严重的，所以必须成功。如果她逃跑后
被抓回，她的生活就会立刻发生变化，因为愤怒的主人可能会以最
糟糕的方式惩罚她：把她放在拍卖台上，卖给出价最高的人。华盛
顿夫妇可能会做他们以前做过的事：他们可能会用她来换钱。

她审视了这些事实——善变的伊丽莎，对黑人的偏见，在黄热
病流行之后对黑人的态度，1793 年《逃奴法》的危险——贾奇意识
到，如果她想要逃跑，就不能独自计划。因此，她下了一个重大的

赌注，向一群重要的伙伴吐露了秘密，这群人便是自由黑人盟友。

我们不知道奥娜·贾奇是如何与自由黑人团体取得联系的，这些人主动为她的出逃提供了帮助。也许在陪同玛莎·华盛顿参加众多的社交聚会时，她利用机会寻求了帮助。当她的女主人享用下午茶的时候，贾奇可以与一名自由黑人仆人取得联系，这个人可能知道如何帮助她，或者至少可以小心翼翼地把她指向另一个可以帮助她的人。每一位费城黑人都知道有一个人能够并且确实帮助逃奴，他就是著名的牧师理查德·艾伦。

作为早期共和国最有影响力的领袖之一，理查德·艾伦牧师因建立费城的自由黑人社区而备受尊重。到了 18 世纪 90 年代，艾伦担任正在成长的黑人社区的精神领袖，同时也是一名企业家，拥有并经营着一家清洁烟囱的公司。扫烟囱的生意是一项危险的事业，但却是为数不多的向黑人开放的创业机会之一。在很短的时间内，艾伦就开始雇用学徒来帮助他发展生意，他很快就成为这个经济产业的领袖人物。[17]

可能艾伦的客户名单上最重要的人就是华盛顿总统本人，我们知道艾伦在 1796 年 3 月为他在总统府的服务收了钱。[18] 也许，在和一位值得信赖的朋友交谈之后，贾奇在艾伦拜访总统期间联系了艾伦。她与牧师的谈话和交流没有被总统府的员工注意到，而且她会悄悄地向艾伦寻求帮助。这两个人很快进行了交谈，也许还计划在别的地方见面，讨论贾奇寻求自由的机会。艾伦是贾奇最有可能咨询的人，她向他咨询逃离这座城市且不被发现的最佳途径。

尽管贾奇从未公开承认她接受过艾伦的帮助，但他们可能在1796 年春天有过第二次接触。[19]这位著名的牧师在他令人印象深刻的简历中加入了鞋匠的技能，并最终在费城税卷上列入了一家店，他在位于云杉街的家中经营的鞋店。[20]5 月 10 日，华盛顿夫妇给了贾奇 1.25 美元让她购买新鞋子，[21]这是她可以直接去艾伦家的鞋店购买鞋子的钱。在那里，贾奇会有更多的时间和空间来与这位著名的黑人领袖探讨逃跑的可能性，当然，艾伦之前也是一名奴隶。

贾奇从来没有透露过帮助她思考逃跑可能性的朋友的身份，因为在内战前帮助逃奴逃跑触犯了联邦法律。

贾奇知道，如果她不听取自由黑人的建议，她的未来如何将不得而知。"她认为她如果回到弗吉尼亚，就永远不会有逃跑的机会。"[22]她一得知"在她的男主人和女主人死后，她就会成为他们的孙女卡斯蒂斯家族的财产"，便明白她不得不逃走。[23]她想象自己即将为托马斯·劳一家服务，而不是在她的主人死后，这促使她对她的未来和对伊丽莎·卡斯蒂斯的厌恶变得更加强烈。"她绝不做伊丽莎的奴隶。"[24]她下定决心。她会不惜一切代价来逃脱伊丽莎的魔掌。

贾奇消息灵通，知道她逃跑的决定不仅仅是冒险那么简单。但是，她仍然愿意在她的余生中面对带着猎狗的奴隶捕手和赏金猎人。是的，她的恐惧感很强烈，但她的愤怒也是如此。贾奇再也不能忍受自己被奴役，而正是她所有权的变化触发了贾奇的愤怒。她为华盛顿夫妇付出了一切。十二年来，她一直忠实地服侍她的女主人，现在她就像从玛莎·华盛顿的裙子上剪下的碎布料一样被丢弃了。她任何错误的幻想都消失了，贾奇知道，不管她对她的主人多么顺从或忠诚，她永远不会被认为是一个完全独立的人。她的忠诚对华盛顿夫妇毫无意义；她是他们的财产，可以被出售、抵押，或与任何他们希望的人做交易。

在每个奴隶灵魂里都存在的那只沉睡的野兽被唤醒了。面对与伊丽莎·劳相处的未来，对自由的渴望从贾奇的头脑中被解放出来，现在她愿意为自由而战，她认为这是她的权利。决定逃跑只是她自我解放的开端。

等待时机是困难的。在朋友完成她逃跑的计划前，在将近两周的时间里，贾奇必须冷静下来，压制她的愤怒。她不能引起她主人的怀疑，因此当他们为回到弗农山庄的旅行做必要的准备时，贾奇必须和其他家庭成员一起工作。贾奇后来说：

> 当他们打包返回弗吉尼亚的行李时，我也正在打包行李，我不知道去哪里；因为我知道，如果我回到弗吉尼亚，我将永远得不到我的自由。[25]

贾奇严守她的逃跑计划，确保不与任何住在总统府里的人分享这一信息。她知道，害怕或嫉妒的奴隶经常是造成逃跑失败的原因；她决定只依靠在总统住所外居住的自由黑人的帮助。

她不仅要把她的东西打包带走，还得决定她什么时候逃跑。虽然总统府比大多数的北部住宅拥有更多的奴隶和仆人，但贾奇是第一夫人的首席家奴，无论什么原因，都必须随时待命。她只有一项职责可以被免除，那就是准备膳食。著名的赫拉克勒斯和一名厨房工作人员为总统和第一家庭准备所有的食物。贾奇有时会在下午茶和晚餐之间得到一点空闲时间，因为其他的仆人或奴隶被分派去为华盛顿夫妇服务。总统经常宴请宾客，将庆祝活动延长到晚上，并邀请客人到客厅里喝点酒，聊些其他的话题。这将是贾奇唯一可以利用的时间。

当那一刻到来的时候，她绷起神经，逃跑了。在 1796 年 5 月 21 日星期六，[26] 当华盛顿夫妇吃晚餐的时候，奥娜·贾奇溜出了总统府。她消失在费城的自由黑人社区中。

—◦◦✕◦◦—

没有人确切知道玛莎·华盛顿何时意识到她最看重的奴隶失踪了。也许晚餐一直很顺利地持续到晚上，直到深夜才有人注意到贾奇不见了。或许总统和他的妻子在贾奇离开总统府几分钟后就发现她逃跑了。这些细节我们可能永远不会知道了。但是，当华盛顿夫妇意识到贾奇已经离开时，他们很快就明白，她不太可能再返回了。华盛顿已经习惯了弗农山庄上奴隶的逃跑。有时，他们会在几天或几周后返回。但不像过去那些逃奴的尝试，贾奇的逃跑地点是在北部。而华盛顿夫妇知道时机对他们不利。

就在两天后的 1796 年 5 月 23 日，总统府的管家弗雷德里克·基特（Frederick Kitt）在《费城公报》（*Philadelphia Gazette*）上刊登了一则广告，[27]承认了奥娜·贾奇的失踪。第二天，他又在克莱普尔（Claypoole）的《美国每日广告报》（*American Daily Advertiser*）上刊登了另一则广告，附加了关于贾奇逃跑的更多细节。该报纸上有关逃跑的文字与18世纪的报纸广告类似，描述了奥娜·贾奇的模样，同时宣布她公然反抗总统：

> 星期六下午，奥娜·贾奇从美国总统的住处逃跑了，她是一名浅肤色的黑白混血女孩，满脸雀斑，黑眼睛，有一头浓密的黑发——她中等个子，但比较苗条，穿着精致，大约20岁。[28]

贾奇的逃跑广告上继续描述她收拾的东西。广告上说，贾奇有"各种各样的好衣服来更换，但是没有足够的详情描述这些衣服。"[29]

弗雷德里克·基特的广告提醒隐藏着的奴隶捕手们贾奇可能的逃跑路线：特拉华河。广告警告所有曾在费城码头繁忙的港口工作的人，逃奴可能会选择公海，

> 但她可能试图走水路逃跑，所有的船只都要被警告不要接纳她，尽管她很可能试图作为一位自由女性而通行，而且据说，她有足够的资金支付旅费。[30]

如果有人归还贾奇，华盛顿将会支付十美元的奖励（价值一桶面粉），

[31] 这是奴隶主收回他们财产的通常价格。然而，为了确保成功赎回，华盛顿夫妇将奖励任何一个将贾奇拒之门外的人，不管他们属于什么种族。基特的第二份和随后的关于赎回贾奇的广告上写道："无论是谁（白人或黑人）将她带回家，带到这个城市，或在港口的任何船只上，总统都会支付十美元的奖励。"

贾奇知道，当她走出总统府的那一刻，她就会变成一个被追捕的女人。她将从美国最强大的第一家庭里受信任的一名家庭奴隶转变为一名罪犯，她从她的主人那里偷走了自由。现在她必须尽快离开费城，寻找一个安全的环境，这样她就不会受总统的控制。尽管一些学者认为贾奇可能在费城的自由黑人社区中躲了一段时间，但这是极不可能的。这是一项艰巨的任务，因为联邦法律使得全国每个州都成为逃奴的危险地带。

关于这位逃跑的女奴的消息很快传开了，那些所谓的目击报告很快传到了总统那里。6月28日，总统值得信赖的朋友小托马斯·李（Thomas Lee Jr.）就他的女逃奴一事写信给他。很显然，总统已经让他的朋友在纽约周边打听贾奇的消息。李告诉他，经过一番调查后，他发现这位逃奴确实是去了纽约。根据李的说法，"一位自由的混血女人"曾在纽约众多的寄宿公寓里做过厨师，"她对贾奇很熟悉，贾奇曾经在这里居住"，据说已经从这里去了波士顿。但是李不相信她的说法。这个自由女人可能一直试图用虚假的信息引导李误入歧途。或者，她可能只是搞错了，把别人当成了贾奇。托马斯·李可能不太确定对贾奇的目击，但他为确保万无一失，还是向纽约的执法当局通报了这名逃犯存在的可能性。[32]

　　贾奇本应被警告不要在纽约停留，在这个她曾经称为家乡的地方，很多人是认识她的。费城的自由黑人敦促她以最快的速度逃离，并且不要在通往最终目的地的路上停留。窝藏逃犯会受到罚款或监禁，而协助总统的奴隶逃跑则会更加危险。那些帮助贾奇出逃的人都催促她快点离开，因为他们知道总统准备动用巨大的权力来重新夺回他的财产。贾奇必须尽快离开费城，经由特拉华河的码头逃跑。

　　事实上，贾奇坐船逃离了费城。在 1845 年的采访中，贾奇讲述了她前往新罕布什尔州朴次茅斯市的逃亡之路，她登上了由约翰·鲍尔斯（John Bowles）船长指挥的船只。贾奇几乎一生都对她的逃亡之路严格保密，直到 1837 年 7 月，在鲍尔斯船长去世后十多年，贾奇才公开了这位船长的名字："我从没有告诉过别人他的名字，直到他死后几年，以免因为他带走我，他们惩罚他。"[33] 贾奇知道，鲍尔斯救了她的命。

　　和许多 18 世纪的水手一样，约翰·鲍尔斯和他的合伙人托马斯·利（Thomas Leigh）经营着一项海运业务。他们的海运业务是沿着东海岸运输木材和鱼到纽约和费城的港口城市。他们在市场上出售自己的商品，然后带着皮靴、马勒和马鞍等皮革制品在新罕布

什尔的海港小镇出售。[34] 鲍尔斯很熟悉大西洋的航线。一开始他很可能只是一个甲板水手的学徒，然后迅速晋升，并最终指挥自己的船只"南希号"（Nancy）。[35] 多年来，他一直在北大西洋沿岸航行，往返加勒比海，直到 1800 年英国海军捕获了他的船只。

然而，在 1796 年，鲍尔斯仍然非常活跃。朴次茅斯当地的报纸《今日预言报》（*Oracle of the Day*）报道了船只的往返情况，并刊登了出口和进口的物品。在 1796 年 5 月初，朴次茅斯海关对"南希号"前往费城的航行进行了清关。鲍尔斯很可能离开朴次茅斯港，直接航行到费城，如果天气尚可的话，这趟行程可能需要四到五天。《费城公报》刊登了 5 月 10 日鲍尔斯的船只到来的消息，[36] 一旦停靠费城码头，鲍尔斯就会出示广告展示他的商品以及合理的货运和乘客搭乘价格。船长在费城港口逗留，也许是为了寻找更多的乘客，或者尽可能多地卖掉他的货物。贾奇最终登上了鲍尔斯的船，这是一艘单桅帆船，装载着糖浆、咖啡、土豆、皮具和蜡烛。[37] "南希号"在 5 月 21 日（星期六）之后的某个时间驶出费城。如果鲍尔斯向贾奇收取船费，她就必须支付华盛顿夫妇赏赐的钱，这儿一美元那儿一美元的服务费，或者是自由黑人社区给予了她帮助，他们最有可能引导贾奇上了鲍尔斯的船，并在路费方面提供了支援。

这位"南希号"船只的负责人并不以公开的反奴隶制态度而闻名，但他肯定是一个相对安全的选择，他并不敌视逃奴。贾奇浅色的皮肤，她的衣着，也许还有她的风度，可能使得鲍尔斯认为他的这名乘客是一位自由的女人，而不是一名被追捕的奴隶。不过，虽然她的外表可能并没有引起鲍尔斯的注意，但作为一个年轻女子，她的独自旅行也会引起大多数人的注意。在 18 世纪 90 年代，很少有女性（不管是黑人还是白人）独自旅行，因为社会规范要求女性与伴侣一起旅行，比如一位家庭成员或一位朋友，特别是如果她们的旅行远离家乡时。独自旅行的年轻女性很有可能是从某个地方逃跑出来的。

鲍尔斯船长对这位不寻常的旅行者睁一只眼闭一只眼。他是一个在大西洋上航行过的人，遇见过许多人，虽然他可能不知道这位年轻的旅行者是总统的奴隶，但他可以断定，奥娜·贾奇肯定有理由要离开这个城市。对于贾奇来说，幸运的是，鲍尔斯要么是不关心这位年轻女子的过去，要么是对黑人奴隶的困境表示同情。感谢船长的容忍，贾奇悄悄地登上了他的船，如今是作为一名逃奴，开始了她的新生活。

九 新罕布什尔州的奴隶制和自由

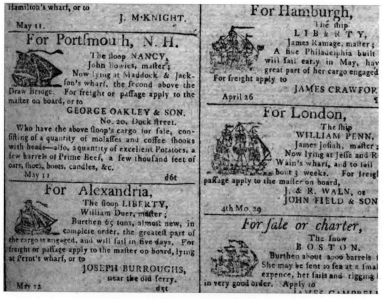

1796 年 5 月 17 日的《费城公报和环球每日广告》。

    大西洋的海浪把马鞍和蜡烛从船底仓库的一边扔向另一边。糖浆和咖啡的味道很浓，令乘客作呕，这些人并不习惯鲍尔斯频繁的航行，往返于费城、纽约和朴次茅斯之间。18 世纪的交通从来都不容易，海上旅行也很危险。陈旧的和没有仔细检查的船只进出城市时，船帆被撕裂，接缝被风化，人们希望平安顺利地到达下一个港口。在乘坐这艘船之前，奥娜·贾奇从来没有坐过这样的单桅帆船，这艘船可以运载 75 人（根据货物的多少而定）。这些船只的设计是为了将货物从一个沿海城市运送到另一个沿海城市，但是像鲍尔斯这样的船长可以通过运载乘客而获得额外的收入。对贾奇来说，以往同华盛顿夫妇的任何一次航行都是非常愉快的。在相对豪华的船只上进行的短途河口航行是贾奇所了解的，但她已经把这一切都抛弃了。现在，在"南希号"上，船只空间狭小，旅客们在仅有的空间里容身。这个逃奴又一次发现自己睡在狭小的空间里，但这次是和陌生人在一起——有些人回家探望亲人和朋友，还有一些人像贾奇一样，为了在朴次茅斯的崭新未来而告别过去的艰难岁月。

波涛汹涌的大海可能使贾奇的胃里翻江倒海，她不得不到甲板上呼吸新鲜空气。海风会吹干她那发红和流汗的额头，使她暂时不会晕船。当然，其他乘客也有同样的遭遇，他们把身体挂在帆船的两侧，把胃里的东西呕吐到大西洋。每天早晨，当太阳升到地平线上时，贾奇就会向外眺望大海，庆幸自己能够逃离她的主人再活一天，但她仍然感到恐惧。

五天来，贾奇抑制住她的恐惧。她不能表现得太紧张，因为乘客们已经对独自旅行的浅肤色的黑人妇女投来了迅速而好奇的目光。她知道华盛顿夫妇正在寻找她，现在她的名字和赏金可能出现在费城的许多报纸上。她想知道逮捕她需要多少报酬，这一想法让她扫视着船上的陌生人。当然，华盛顿的代理人在鲍尔斯的船只离开码头街之前都没有来到这艘船上，但直到"南希号"到达新罕布什尔州，贾奇才意识到这一点。

　　她为华盛顿夫妇服务时所穿的漂亮且昂贵的衣服已经被收拾起来了，相反，贾奇穿着不太显眼的衣服，在众目睽睽之下躲藏起来。她是一名被追捕的女奴，她不是以一位白人而是以一位自由的北部黑人妇女的身份穿过人群。

　　在她五天的旅程中，贾奇一次又一次地思考她的入境计划。她的费城朋友们没有告诉她该船只的目的地，也没有告诉她关于旅程的任何其他细节，直到贾奇即将启航。这种谨慎对于保护逃奴和所有帮助她逃跑的人都是必要的，但是缺乏信息和不知情一定会增加她的焦虑。在她离开费城之前，她很可能被告知，一旦到达朴次茅斯，谁将帮助她，并向她描述了一位女伴的信息，这个人会在码头附近与她见面并引导她到一个相对安全的地方。贾奇对她在新罕布什尔州的未来所了解的一切，都是在匆忙中传达给她的。

　　即使贾奇受过教育，能够写下她的指南，她也会被警告不要这么做。她在费城的朋友们肯定会要求她在脑海里记住这个逃跑计划，没有任何现存的文件证据能够将她和自由黑人社区联系在一起。在她乘船的那段时间里，贾奇有很多事情要考虑，很可能是担心基本的生活问题，比如食物、住所和安全。一旦她来到新城市，她将如何照顾自己呢？她能在她的余生里继续躲藏吗？她知道，她的主人派奴隶捕手去捉拿她只是时间问题。贾奇会想，朴次茅斯是否离华盛顿夫妇足够远，能够让她获得内心的平静，也许她事后会后悔自己逃跑的决定。但是已经没有回头路了。

带着旅途的疲惫和恐惧，贾奇还是一步一个脚印地下了船。也许她感谢了约翰·鲍尔斯，但更有可能的是，她很快就离开了码头，以防有奴隶捕手在附近徘徊。贾奇在费城的朋友们肯定认为朴次茅斯是一个相对安全的地方，让她可以隐姓埋名。虽然这里黑人人口不多，但希望贾奇能找到一种方法，秘密地融入一个离费城300多英里远的新社区中。

※

朴次茅斯与贾奇曾经住过的任何一个地方都不同。与费城或纽约繁华的郊区不同，朴次茅斯是一个发展中的港口城市，在这里18世纪的航运业欣欣向荣。但与费城相比，这个城市很小，只有近5000名居民。贾奇已经习惯了搬家，结交新朋友，了解一个城市的新景象和生活方式。但这是贾奇第一次在没有家人或朋友的抚慰下搬家。她没有她的哥哥可以依靠，也没有奴隶莫尔的建议来帮助她。贾奇对朴次茅斯一无所知。她完全是独自一人。

不需要很长时间贾奇就能意识到朴次茅斯和费城之间的差别，但最令人吃惊的对比是，朴次茅斯几乎没有黑人。在贾奇到达这个城市的时候，在新罕布什尔州居住的黑人男女不到800人，其中不到 200 人是奴隶。[1] 这类似于新英格兰的其他地方，18 世纪末居住在那里的 3/4 的人口都是英国人、苏格兰人或爱尔兰人后裔。在朴次茅斯，贾奇所在的新社区的黑人人口从未超过总人口的 2% 或 3%，大多数黑人沿海或沿河生活和工作。[2] 贾奇不需要很长时间就能熟悉她的新社区；[3] 整个朴次茅斯市的黑人比住在弗农山庄的奴隶还要少。

贾奇的首要任务是找个落脚地，对于一个资源有限的黑人妇女来说，这可不是件容易的事。再一次，她将不得不依靠一个自由黑人圈子，这一次是在朴次茅斯。毫无疑问，他们为这名逃奴的到来做好了准备，把贾奇带到她的临时住所，她"住在一位自由黑人家里"。[4] 朴次茅斯的自由黑人习惯了帮助逃奴。

随着临时住房问题的解决，贾奇开始着手寻找工作。她需要尽快找到一份工作，这样她就能养活自己了。她内心充满了感激之情，她要向她的房东证明她的雄心壮志，并下决心要独立。如果她找工作的时间过长，房东可能会对她感到厌烦，或者更糟糕的是，憎恨她。贾奇是一名优秀的女裁缝，能够做出最漂亮的衣服（就像她为华盛顿夫妇所做的那样）。但是这样的工作对于一名逃奴来说是很难找到的。她没有介绍信，也没有衣服样品。

家务劳动是唯一的挣钱机会，贾奇只能勉强靠其维持生计，她抓住机会，迅速在一个当地家庭里找到了工作。大多数黑人妇女，无论她们是奴隶还是自由人，都从事着繁重的家务劳动，这对于她们的身体是残酷的。她们在新英格兰的白人居民家中辛勤劳作，做饭、打扫卫生，并满足雇主的个人需求。虽然贾奇已经习惯了在玛莎·华盛顿家中工作，但她并没有做过在 18 世纪的家庭内最繁重和最耗体力的劳动。华盛顿一家的大量工作人员允许白人仆人和男奴隶为艰难的家务活提供帮助，使贾奇能够照顾到她主人的微妙情感和亲密需要。在新罕布什尔州，她却没得选择。

黑人用人擦洗地板、洗衣服、做饭、打扫他们雇主的家，这些在新英格兰下雪的冬天是艰难的家务。贾奇和其他的妇女，无论黑人还是白人，都因为费力地搬运大量的衣物，以及在新罕布尔州农村的田地里帮忙，搬运沉重的水准备做饭和洗澡而损伤了筋骨。可以说，家庭内最繁重的劳作之一就是准备水。奴隶和自由家仆把从水管子里抽出的 10 加仑或 20 加仑重的水搬回家，以开始他们忙碌的一天。每个家庭每天要消耗 100 加仑的水才能完成所需要的所有洗涤和烹饪。这种需要要求黑人妇女每天从泵中抽 5 次水。仅靠手臂力量是不够的，这促使黑人女性找回了她们的祖先传统。黑人家庭成员通常会把大量的水顶在头上，这是非洲一种古老的方法，但可能会导致脊柱弯曲和颅骨骨折。[5] 除了繁重的工作，冰雪覆盖的人行道也会使取水这项艰巨的任务成为一段危险的旅程。

除了取水，家仆和洗衣工还为洗衣服建造了取火设备，她们每次要背靠在滚烫的木桶上几个小时。在清洗开始之前，贾奇和其他女仆会徒手用碱液和动物脂肪制作肥皂，用木灰、粪便或铁杉去除污渍。[6] 一旦水被收集起来送到家里，洗衣服的艰辛劳动就开始了。贾奇把衣服在沸水中搅拌，然后用手拧干衣服或每一片麻布，再把

117

它们挂起来晾干。在彻底干燥之后，需要熨烫衣服和床单，这是另一项耗时、危险且非常棘手的任务。[7]

食物的准备工作也需要花费大量的时间，并且占据一天的大部分时间。之前，贾奇从未被安排为她的主人或她自己做饭。赫拉克勒斯和一名厨房工作人员为第一家庭和他们的奴隶及仆人准备每一餐。现在贾奇必须学习如何烹饪并且做出可口的饭菜。她一定在弗农山庄看到了奴隶们如何做玉米饼，准备炖鱼，但观察和实践是有区别的。她在朴次茅斯的新的黑人朋友们会提供适合北部的食谱和烹饪技巧。因为一名糟糕的厨师会遭遇任何雇主的迅速解雇。

黑人家仆，不管是奴隶还是自由人，都必须在清晨起床准备早餐。揉捏面团和烘烤面包，还有杀鸡和切菜，使得他们的手和手指容易出现早期关节炎的症状。女奴和家仆居住在家中最寒冷、最不保暖的地方，经常会肌肉酸疼。奴隶们被迫睡在地窖或阁楼里，挤在最偏僻的地方。阁楼几乎没有任何通风设备，在冬季是令人难以忍受的潮湿，夏天则酷热难耐。奴隶制和糟糕的生活条件在黑人女性身体上的体现便是，新英格兰地区的大多数黑人妇女的寿命不超过 40 岁。[8] 然而，贾奇别无选择，只能成为一名家庭仆役和洗衣工，在新罕布什尔州忍受繁重的体力劳动，而不是接受做奴隶。贾奇宁愿忍受新罕布什尔繁重的体力劳动，成为一名家庭仆役，而不愿继续做奴隶的选择，向我们说明了她对自由是多么地珍视。

❀❀❀

　　奴隶制度在新英格兰已经存在 150 多年了。1641 年，非洲奴隶制度首次在马萨诸塞殖民地合法化，从而使得买卖人类的交易合法化，奴隶制迅速蔓延到北部殖民地的其他地方。早在 1645 年，黑人男女就在朴次茅斯的海港生活和工作，那是我们所知的非洲人第一次来到这里的时间。奴隶贸易商史密斯船长来到新英格兰，他带着几名在漫长而可怕的"中间航道"（Middle Passage）上存活下来的奴隶。史密斯把其中一个卖给了"皮斯卡塔韦的威廉姆斯先生"。[9]对于到达新英格兰的这名俘虏并没有姓名或具体细节的记载；[10]然而，他很可能用毕生精力在某种程度上来反抗威廉姆斯。

　　在奴隶劳动力的帮助下，新罕布什尔见证了朴次茅斯的发展，尽管它没有种植烟草或大米等经济作物，但它也有自己的非洲人的危险清单。通向新英格兰的旅程是漫长的，这迫使非洲人忍受从非洲西海岸到加勒比海岛屿的"中间航道"，这趟旅行中充满了难以想象的暴行。许多人在踏上新英格兰殖民地之前就已经死亡了，这一现实也是缅因州吉特利博恩特市的奴隶主威廉·佩珀尔（William Pepperell）所必须面对的。1719 年，佩珀尔从安提瓜岛购买了 5 名奴隶，最后只有一名女奴在旅途中幸存下来。在新英格兰待了三周后，这名女奴也因病去世了。在新英格兰，极端寒冷的天气和难以适应的生活会使像佩珀尔这样的奴隶主在高风险的奴隶交易中失去大量的财富。[11]

但是当奥娜·贾奇到达新罕布什尔州时，这个州正在逐步废除奴隶制。由于 1793 年《逃奴法》允许奴隶主跨越各州边界追回他们的奴隶，因此，对于逃奴来说，找到那些最不需要重新思考奴隶制度的社区很重要。贾奇踏上朴次茅斯海岸之后，终将遇到并认识镇上的许多黑人居民，尽管不是所有黑人，无论他们是自由人还是奴隶。朴次茅斯的这些男男女女谨慎地观察着该州法律的变化，这些法律似乎欢迎更多的劳工。

在贾奇到达新罕布什尔州之前的十年里，该州开始与宾夕法尼亚、马萨诸塞、康涅狄格和罗德岛等州一起，与奴隶制问题进行斗争，重新考虑奴隶制问题。虽然新罕布什尔州有一个权利法案承诺给予该州的所有公民以平等和自由，但奴隶制却延续了几十年。该州 1789 年修订后的税法增加了奴隶们的希望，新的法律写道，"奴隶不再被认为是财产"。[12] 但是，新罕布什尔州的大多数奴隶主并没有解放他们的奴隶，而是把新法典解读为免税，免除了他们作为纳税义务的束缚，奴隶们的乐观情绪随之破灭。

虽然渐进废除奴隶制的缓慢过程在新英格兰地区还在断断续续地进行着，但是在朴次茅斯市的贾奇的新家，奴隶制在 1805 年就消失了。[13] 与其他城市化或沿海的城镇一样，朴次茅斯先于该州其他地方提前结束了奴隶制。当朴次茅斯的奴隶主将奴隶制转变为自由劳工工资制度时，新罕布什尔州的其他地方还比较落后：直到 1857 年，新罕布什尔州的立法机关才最终废除了奴隶制。[14]

黑人男女私下庆祝渐进废除奴隶制，但他们对自由的承诺采取了谨慎和怀疑的态度，因为他们仍然每天遭受侮辱、暴力，缺乏法律上的公民权和法律上的平等保护。朴次茅斯的黑人社区把当地的历史和法律信息传递给像贾奇这样的新来者。正如在纽约和费城所做的那样，贾奇听着这些信息，意识到搬迁到朴次茅斯是最具战略性的行动。贾奇让她的费城朋友替她表示感谢。

十 死里逃生

《兰登州长府邸》

　　每天早晨，贾奇都会从断断续续的睡眠中醒来。她难以让自己进入沉睡状态，脑中回想着留在弗农山庄的弟弟妹妹和侄女们。被噩梦惊醒时，贾奇必须让自己相信目前是安全的。唯一能治疗急性失眠症的就是繁重的家务劳动，在夜晚来临时，大多数黑人妇女都能立即入睡。

随着时间的流逝，逃奴贾奇进入了正常的家庭工作和生活。在新英格兰的夏天，太阳早早地升起，这是一份给贾奇和其他家仆的礼物，他们依靠它的光亮来准备早餐和完成清晨的杂活。每一天，当贾奇开始这份可以支付她工资的新工作时，她都会迎接摆在面前的辛勤劳作。她的工作很艰难，也许是自降身份，但正是这份艰苦和可靠的工作，使她能够在朴次茅斯活下来。

虽然贾奇全天都要工作，但她的工作要求她到当地商店去取雇主必需的家居用品。贾奇在她的新城市走来走去，不需要雇主的监视，随着时间的推移，她对这种新的自由越来越习以为常。她可以到市场上购买萝卜和银花鲈鱼，这些物品是她送给主人的晚餐食物，以显示她的忠诚。当她拿到工资时，她可能会给他们买一些茶，甚至是糖。

当她下班回家时，漫长的夏天给了她多余的光亮。在帮助主人完成家务后，她可以温习自己的缝纫技术，记住她曾经是一名多么优秀的女裁缝。也许她会从一些简单的事情做起，比如为家里的女主人做一件亚麻内衣。贫穷的妇女只能买得起一到两件这些必需品，她们每天都穿在衣服里面。这将是一个非常实用的礼物，在新罕布什尔州，任何自由黑人妇女都在努力生存。

如果贾奇能从她微薄的工资中省下足够的钱，她就可以购买布料、丝带和纽扣，这样就可以为朴次茅斯的居民们制作服装样品。

随着时间的推移，她可能会赢得声誉，成为一名受人尊敬的女裁缝，从而挣到足够的钱，放弃辛苦的家务劳动和洗衣工作。她在弗农山庄和总统府里所拥有的那些技能，可能会让她找到一条摆脱极度贫困的路。贾奇知道为了让这一切成为可能，她必须要耐心地努力工作、攒钱，而且最重要的是，在她的新城市里还没有人发现她是一名逃奴。

尽管在镇上四处走动提醒着她新获得的自由，但也总是伴随着重新被抓的危险。贾奇永远不会忘记她是一名被追捕的女人。她永远保持警戒，她知道如果她在新城市的狭窄街道上闲逛，她就是个傻瓜，因为她可能会被要求提供身份自由的文件。在朴次茅斯，黑人男性和女性需要有目的地行走，以免被问及他们的工作，吸引他们的白人邻居不必要的或者可能是敌意的关注。朴次茅斯的黑人居民晚上实行严格的宵禁，贾奇会优先考虑待在屋里，远离监视性的目光和地方官员的攻击性问题。因为在街上，很难区分路人是敌是友，在很多方面，可能带给她最多伤害的家族就是新罕布什尔州最显赫的家族兰登家族（Langdon family）。

兰登参议员和他的家族可能是新罕布什尔州最受尊敬的居民，他们也是华盛顿总统的密友。约翰·兰登是朴次茅斯本地人，他出生于 1741 年，不像他那个阶层的许多年轻人，他没有受过精英教育，而是选择了从事贸易这份赚钱的职业。兰登很快就掌握了大西洋航线的生意，成了一名成功的船长，运输和销售货物，最终购买了自己的船只。正是由于英国贸易政策的限制，兰登发现自己被推上了美国革命时代的政治舞台。兰登曾成功领导了对一处英国军事设施的进攻，这巩固了他在新罕布什尔殖民地作为革命战争英雄和政治领袖的地位。他担任过第二次大陆会议的代表、新罕布什尔众议院议长、制宪会议的代表。约翰·兰登一度成为美国最有权力的人之一，最终当选为联邦参议院议长，这是在乔治·华盛顿当选总统之前这个国家最有权力的职位。正是兰登通过信使传话到弗农山庄，华盛顿是大家一致同意的领导这个国家的最佳人选。乔治·华盛顿当选总统后，兰登继续他的政治生涯，担任联邦参议员和新罕布什尔州州长。[1]

兰登曾多次与乔治·华盛顿会面并共事。1789 年 11 月，华盛顿在他的日记中描述了对新罕布什尔州的一次访问，他写道："据说朴次茅斯有大约 5000 名居民。有一些不错的房子（兰登上校的房子可能是最出名的）。"[2] 华盛顿并没有住在兰登的家里（总统更喜欢住在附近的旅馆里，从来不想给他的朋友和政治熟人增添麻烦），但他确实在兰登的客厅里喝过茶，在访问期间与兰登一家一起吃过几顿饭。这位参议员和他的妻子伊丽莎白·舍伯恩·兰登（Elizabeth Sherburne Langdon），通常被称为贝琪（Betsy），有两个孩子，分别是伊丽莎白（Elizabeth）和约翰（John），约翰在婴儿时期就去世了。当兰登夫妇和华盛顿一家友好相处时，伊丽莎白和总统的孙女奈利建立了深厚的友谊。

整个 18 世纪 90 年代，这两位年轻的女孩在费城的总统官邸里互相拜访。人们可以想象她们走了很长的路，不停地谈论她们的生活。伊丽莎白和奈利是新的美国"王室"的代表，一位是参议员的女儿，另一位是美国总统的孙女。这两个女孩都明白地位提升给她们带来的压力以及特权。奥娜·贾奇目睹了这两个年轻女孩在美国早期政治聚光灯下的成长。

贾奇想起了在费城的时光，莫尔在照顾华盛顿的孙辈时心力交瘁，她也曾伸出援手。她很可能为兰登参议员的女儿端过茶，或者为两位年轻的女孩充当女伴或看护人。伊丽莎白·兰登和奥娜·贾奇彼此认识，这是贾奇在到达新罕布什尔州后必须考虑的不利因素。

即使有这些不利因素，贾奇也开始欣赏这个并不爱她的新城市。在她逃脱后的那个夏天，贾奇仔细地观察周围的环境，开始拼凑她的新生活。她仿佛从来没有被奴役过，这是所有逃奴的一个重要表现，她开始觉得自由的生活越来越自然，直到她开始直面她的过去。

当她穿过朴次茅斯狭窄的街道时，或许是在当差，或者是在去购物的路上，一种熟悉的景象在这个逃奴的胸中引起了恐惧。在贾奇面前，是她在总统府里服务过的那个年轻姑娘。伊丽莎白·兰登现在已经十八岁了，她径直向受惊吓的贾奇走来。贾奇最害怕的那一刻终于到来了。

当贾奇的目光聚焦在她在费城认识的那个女人身上时，她的心跳速度加快了。她首先想到的是逃离，离开街道，并希望这位参议员的女儿没有认出她那满是雀斑的脸。贾奇僵硬的身体，刚被家务工作所折磨，准备好要逃跑，逃离朴次茅斯的城市街道寻找避难所。这个新城市的街道既精致又狭窄，没有给逃奴留下任何藏身之处。但几秒钟后，她就会意识到，逃跑是最糟糕的方式。如果她逃跑，就会把注意力转移到自己身上，没有逃奴能够承受这样的风险。

她只有几秒钟的时间来想清楚她该做些什么来保护她的新生活。在她作为奴隶的大部分时间中，贾奇学会了隐藏她的感情。她已经习惯了从眉头紧锁的额头上抹去愤怒，或者在充满悲伤的眼睛里强忍泪水，现在，她稳住自己，把恐惧隐藏起来。她低下头，继续向前走，试图避免与前主人家人的朋友有目光接触。伊丽莎白·兰登停了下来，期待着来自那熟悉的面孔的亲切问候，但她没有得到这样的回应。

在弗农山庄的奴役时光可能很快地在贾奇的脑海中一闪而过。她会记得那些关于奴隶的故事，这些人在她弗吉尼亚的出生地试图逃跑，但没有成功。其中一些男人和女人受到了惩罚，被卖掉了。就像逃奴迅速躲避危险，她坚定的步伐加快了。但是她能去哪里呢？她又能藏在哪里呢？回到她的新家是危险的。她不可能冒着被伊丽莎白跟踪的危险，因为这会让她的寄宿家庭处于危险之中，或者将他们置于被指控违反联邦法律的境地，因为他们窝藏了一个逃奴。她不得不等到夜幕降临，这样才能躲避任何想要逮捕她的人。

当贾奇最终回到家中时，她很可能向她的寄宿主人寻求建议和策略。当她和伊丽莎白·兰登面对面的时候，她在整个夏天胡乱拼凑起来的生活都被毁掉了。即使因为一些不可思议的原因兰登没有看到她，华盛顿的某位朋友或者朴次茅斯本地人托拜厄斯·利尔的某位家人迟早也会发现她，[3] 这只是时间问题。

┄┅✕┅┄

伊丽莎白·兰登在朴次茅斯散步时很少注意平民百姓。作为参议员的女儿，她已经习惯瞪着眼睛和虚假的场景，这样可以避免直接的目光接触。但是她不停地想着她在街上看到的那个女人。伊丽莎白对这位年轻的黑人女性的脸非常熟悉。那双眼睛里一定有问题。她确信她以前见过她。但是在哪里呢？随后，她想起了在总统府的事情。

但是，贾奇在朴次茅斯究竟做什么呢？华盛顿夫人在哪儿呢？如果总统和他的家人到城里例行公事，或者来短暂拜访，她肯定会知道。有那么一会儿，这位参议员的女儿自言自语着。在朴次茅斯，一位奴隶妇女的出现完全是不可想象的。她必须立刻通知她的父亲，以防那就是奥娜·贾奇。

伊丽莎白·兰登和她的父母商量后，一切就变得很清楚了。这位参议员的女儿发现了华盛顿的逃奴。伊丽莎白仍然感到震惊，她可能会对贾奇从她的主人那里逃脱出来感到疑惑。但对她来说，也许更好奇的是贾奇为什么想要离开华盛顿夫妇。对于蓄奴精英来说，很难接受黑人反抗的思想，也很难理解他们逃跑的欲望和风险。从 17 世纪晚期到独立战争前夕，兰登家族一直参与买卖奴隶，[4] 就像华盛顿一家一样，他们认为自己是仁慈的奴隶主，给他们的奴隶带来的不仅仅是生活必需品。他们把自己塑造成不同于那些铁石心肠之人的奴隶主，后者以鞭打、残暴和恶魔般的折磨奴隶而臭名昭著。在他们看来，他们是贵族奴隶主，为他们的奴隶提供食物和住所，他们认为奴隶们并不能照顾自己。

兰登家族知道总统给他的奴隶提供零花钱，允许他们去剧院，甚至和他们协商，允许奴隶们将自己的家庭维持在一起。在他们的想象中，总统是一位好主人，有着家长式的作风，并遵守南部绅士的规则。那么为什么华盛顿的奴隶们会逃跑呢？尤其是奥娜·贾奇。难道她没有得到善待，没有吃饱穿暖吗？

这个新罕布什尔州的贵族家族无法想象的，是家内奴隶不能自由支配时间的窒息感。在警惕的目光下，贾奇在她的女主人玛莎·华盛顿的监督下度过了十几年的岁月。她大部分的时间都在华盛顿家里，没有指定的奴隶住所，没有地方可以自由呼吸，没有地方可以与朋友或家人联系，也没有地方可以释放与奴隶制度有关的挫败和沮丧。贾奇选择了冒险逃走，而不是作为奴隶生活，她对自由的强烈渴望几乎让大多数白人都无法理解，包括兰登家族的人。

尽管约翰·兰登不再是奴隶主，但他知道他必须做些什么。他不仅是华盛顿家族的朋友，而且还是联邦参议员，他有义务遵守联邦法律。奥娜·贾奇是一名逃奴，华盛顿一家有权获得他们的财产。

8月21日，华盛顿夫妇从弗农山庄的漫长旅行中回到费城，他们知道了在哪里可以找到他们的女奴。

十一　谈判者

新罕布什尔州朴次茅斯市的市集广场，选自《格里森客厅图片指南》，1853年。

　　在 1796 年夏末，总统有许多紧迫的事情需要处理，但他辞去总统职务的决定占据了重要地位。他不顾那些希望他继续留任的党派成员们的强烈愿望，坚定了退休的决心。总统疲惫不堪，想要恢复一位农场主的生活，这是一种简单的生活，不会让他的身体急剧衰老。他明确表示，这个国家的任何紧急情况都不会改变他要退休的想法。他准备回到弗吉尼亚。

随着大选的临近，总统选择迅速公布他的想法。他的告别演说已经完成，大部分是由亚历山大·汉密尔顿撰写的，所以他派托拜厄斯·利尔迎接大卫·克莱普尔（David Claypoole），克莱普尔是费城报纸《美国每日广告报》的出版商。华盛顿想要把他的告别演说刊登在大卫·克莱普尔的报纸上，就在四个月前，这份报纸上刊登了一则广告，以十美元的报酬追捕奥娜·贾奇。9月19日，华盛顿的"告别演说"在费城公开发表，这让美国人民肩负着选举新的三军总司令的重任。

然而，在准备退休的过程中，总统却开始了新的奴隶抓捕工作。贾奇把她的主人置于一个两难的境地。华盛顿夫妇现在面临着一项棘手的政治任务，即试图在新罕布什尔州追捕一名奴隶，而这个州并不像他们所热爱的弗吉尼亚州那样保护奴隶制度。他们需要想出一个重获贾奇的计划，这个计划必须迅速且谨慎。

华盛顿夫妇对贾奇的动机、帮助她的同伴和她最终的目的地感到困惑。在这一年里，他们第二次感受到这样一种让人措手不及且令人不安的局面。首先是他们的孙女伊丽莎·卡斯蒂斯的婚姻，现在角色颠倒了，对华盛顿夫妇来说贾奇引发了更多的惊讶和不确定。但是，总统的所有困惑都让步于愤怒了。贾奇最终打断了他的奴隶轮换计划。总统知道，如果他继续追捕这位逃亡者，即使有法律支持他，他也可能会面临公共关系方面的问题，这是他在费城居住期间一直避免的一种两难境地。

逃奴提醒美国人，让他们对奴隶制做出自己的判断，奴隶是人而不是财产。贾奇的逃亡为越来越多的北方人提出了一个新的理由，这些人对有关奴隶制的这一思想感到愤怒：如果一个奴隶穿得很好，并被给予了一些善意的小礼物，那么对于他们来说，在舒适的环境中还是在酷热的环境中工作，就无关紧要吗？对任何人来说，奴役永远比不上自由，如果有机会，奴隶，哪怕是总统的奴隶，都更喜欢自由。

贾奇的逃跑给在总统府服务的奴隶们开了一个坏先例。因此，华盛顿对他在弗吉尼亚之旅结束后带回到费城的人是有选择性的。只有莫尔和乔·理查森被允许返回首都为总统任期的最后一年服务。华盛顿夫妇对贾奇的逃跑感到震惊，凑合着使用北部的白人仆人，害怕这个逃奴开启了某种趋势。在安顿好他们的新员工，包括奴隶和工资制仆人后，玛莎·华盛顿就给总统下了命令：捉拿贾奇。这名逃奴毕竟属于第一夫人，而且她已经许诺将贾奇送给她的孙女。总统需要迅速采取行动抓捕贾奇，否则他将不得不应对他妻子的不满，更不用说赔偿卡斯蒂斯家族的财产损失了。

总统慎重权衡了他的所有选择，并将谨慎置于一切之上，于是他决定征召联邦政府的服务人员，悄悄追回这名逃奴。他找到财政部长小奥利弗·沃尔科特（Oliver Wolcott Jr.）。出于尊重，这位财政部长一定是听从了华盛顿寻求帮助的请求，当然，他同意帮助总统解决他的问题。在他们谈话后的第二天，总统坐下来写了六封信中的第一封，这六封信将会在总统和他捉拿逃奴的代理人之间交换。[1]

9月1日，总统开始写信给沃尔科特。贾奇逃走已经有几个月了，但是华盛顿仍然很愤怒，他写得越多，就越生气。在他看来，这名女奴受到的待遇很好，他们对待她更像是一个家庭成员而不是奴隶，[2] 然而她就是这样报答她善良的主人的。当然，她不可能再选择一个更不合适的时间逃跑了。华盛顿在他最后几个月的任期内，最不想处理的事情就是重新抓捕一名逃奴。他还有许多要紧的事要办，这一想法激怒了他，主导着他的思想。

玛莎·华盛顿的奴隶，一个竭尽全力不让人看见或听到的女人，现在正徘徊在总统的脑海里。当华盛顿坐在办公桌前时，他想了很久很久有关贾奇的事情，他想起了在1784年，一个满脸雀斑的十岁少女加入了弗农山庄主屋的奴隶之列。[3] 当总统从战争中归来时，她开始了这一新的任务，也许是这种记忆促使华盛顿意识到他和贾奇在同一时间适应了一种新的生活方式。他想起了贾奇和他的家人在纽约和费城度过的七年时光，以及她对华盛顿夫妇生活中最亲密的细节的了解。他的回忆使得他怒火中烧。

当总统写了长达三页的关于这位逃奴的信时，贾奇的脸一次又一次地浮现在他的脑海里。但奇怪的是，华盛顿从来没有对她进行过外貌描述。也许他在与沃尔科特的谈话中分享了这些信息，但更有可能的是，这位财政部长在与总统的频繁来往中，对贾奇的外貌很熟悉。当然，在《费城公报》上刊登的逃奴广告将是一个有用的指南。

华盛顿在他的信中提到一条传闻，有一名求婚者使得贾奇走上了逃跑这条路。在华盛顿的心中，贾奇不可能独自设法在主人的监视下逃跑。一定是有人引诱她逃跑，并给她设计了逃跑路线，因此华盛顿写信给沃尔科特，"我对她的逃跑没有丝毫的怀疑，至少有人通知她联系某些人，引诱她逃跑"[4]。

随着时间的推移，华盛顿越来越坚定地认为，男朋友一定是贾奇逃跑的主要原因。总统相信，第一家庭中一位知名的熟人，准确地说是一位"法国人"，一定参与了贾奇的逃跑事件。这名男子（华盛顿从未透露过他的姓名，但是暗示他精神上不稳定）自从贾奇逃离总统府后就再也没有露面。随后来自华盛顿的谈话资料显示，这位法国男友抛弃了贾奇，[5]使她陷入贫困，贾奇不得不作为一名裁缝，完成家庭劳动而挣钱谋生。

总统相信贾奇是因为被引诱而逃跑，他要求沃尔科特联系朴次茅斯的海关官员惠普尔，在他看来，这是一个完全合理的请求。贾奇正是在总统的费城住所里得以逃跑的——这是一项州内事务，因此在追捕逃奴的过程中运用政府资源是正当的。华盛顿认为，这位海关关长在追捕这名女奴的过程中起着关键性的作用，他在朴次茅斯当地充当着总统的耳目。

对于如何重新抓获这名逃奴，总统提出了一些建议，所有这些建议都明显违背了联邦法律。华盛顿理解 1793 年《逃奴法》的内涵，毕竟是他本人签署了这一法律。他对这位海关关长的追捕建议巧妙地回避了所有的法律规定，以便适当地将一名逃奴归还给他或她的主人。法律规定，任何一个人想要逮捕一名逃奴，必须将他带到一名法官或地方治安官员的面前，并在带这名奴隶离开这个州之前出示其所有权证明。[6] 而总统无意让法官或治安官员参与处理这一难题，但是他确实建议如果"需要合理的证据的话"，伊丽莎白·兰登或她的母亲能够提供一份正式的有关这位逃奴的身份证明。[7] 华盛顿希望这一身份证明将是不必要的，但如果需要的话，合适的人选也会到位。一旦逮捕了这名逃奴，惠普尔就应该"立刻把她放在一艘开往这里的船上，或者去亚历山大港，后者会更好"。[8]

因为囊中羞涩，总统认为，他对追回贾奇的建议将会是"最安全的也是最省钱的"。对于他的麻烦事，总统会支付给惠普尔有关逃奴追捕和归还的一切费用，当然，总统也会感谢他的帮忙。对于为这个新生国家服务的许多权威人物来说，总统的感激都是最受欢迎的。谁不想受到美国总统的青睐呢？鉴于华盛顿的地位，人们会认为惠普尔将满怀热情地完成这项任务。

华盛顿的信以向小奥利弗·沃尔科特致歉而结束，他写道："我很抱歉因这件小事给你或者其他任何人添麻烦。"[9] 但他对贾奇的恼怒是很明显的。"这个女孩忘恩负义，我们抚养她长大，像对待孩子般对待她，而不是一个用人（华盛顿夫人想要重新获得她），如果可以避免的话，不应该让她逃过惩罚。"[10] 除了他妻子的愤怒和让她的女奴重新回到她手中的强烈愿望，总统的自尊心也促使他追回贾奇，不管法律如何。

财政部长沃尔科特代表总统联系了朴次茅斯的海关关长约瑟夫·惠普尔。惠普尔在 9 月 10 日的信中对沃尔科特作出了回应，承认他"非常高兴在此事中执行总统的愿望"。[11]

约瑟夫·惠普尔出生于 1737 年左右，他是老威廉·惠普尔上尉（Captain William Whipple Sr.）和来自缅因州基特里市的玛丽·科特·惠普尔（Mary Cutt Whipple）的儿子。惠普尔夫妇养育了五个孩子，但约瑟夫的哥哥威廉·惠普尔将军（General William Whipple）提高了整个家族的声誉。小威廉·惠普尔是美国革命中的一名士兵，也是新罕布什尔高等法院的一名联席大法官，他参与签署了《独立宣言》。除了他所有的政治贡献之外，他还是一名企业家，在朴次茅斯与他的弟弟约瑟夫做生意，直到独立战争开始。[12]虽然海关关长是朴次茅斯的重要人物，但他永远不会像他的哥哥威廉那样为人所知或受到尊敬。约瑟夫·惠普尔活在他哥哥的阴影里。

惠普尔一家对奴隶劳动并不陌生，因为他们一家也曾经拥有从非洲来的奴隶。然而到了 18 世纪 80 年代，惠普尔一家开始解放他们的奴隶，特别是那些在美国革命中战斗的奴隶。他们的奴隶中有著名的普林斯·惠普尔（Prince Whipple），此人曾在美国军队中服役，从而获得了自由。普林斯·惠普尔曾是威廉·惠普尔的奴隶，在那幅著名的画作《华盛顿跨越特拉华河》中，黑人士兵被误认为惠普尔，从此闻名。

约瑟夫·惠普尔是一位受过教育的商人，他碰巧是兰登参议员的朋友。1789 年 8 月，华盛顿正式任命惠普尔为朴次茅斯的海关关长。[13] 惠普尔在华盛顿的两届总统任期内都担任了这个职务，最终在亚当斯政府期间离职，因为他转变成了严厉的反联邦主义者。（当共和党人托马斯·杰斐逊于 1800 年当选总统时，惠普尔再次回归政府。）海关办公室很小，紧挨着他和他的妻子、波士顿的汉娜·比林斯（Hannah Billings）的家。[14] 虽然把惠普尔标上废奴主义者的标签未免过于夸张，但很明显，他对奴隶制的看法与朴次茅斯的许多居民是一样的。在华盛顿总统任期的最后一年里，随着惠普尔一家解放了自己的奴隶，以及约瑟夫·惠普尔重新思考他自己的联邦主义立场，总统的请求使他陷入了困境。尽管他接受了华盛顿总统的任务，并表达了自己的热心和适当的尊重，但他计划调查关于奥娜·贾奇的指控，并就她的逃跑得出了自己的结论。

◦•◦✕◦•◦

在接下来的几个星期里，惠普尔一直在寻找总统的那位逃奴。他开始调查朴次茅斯的码头，向船长和码头工人、商人朋友和小店主们打听，他们是否看到一个长着雀斑和浓密头发的年轻女子。他本来是很谨慎的，并没有提及她的逃奴身份，也没有提及她与总统的关系。

和华盛顿一样，惠普尔也通过耍花招来引诱贾奇出现。他告诉他认识的人，他正在寻找一位好仆人，一名女性，她可以帮助他的妻子汉娜处理传统的家务劳动，他知道这个消息会传开。如果他足够聪明的话，他肯定会问那些自由黑人——这些人在他的朋友那里当女佣和侍者——她们是否知道有谁需要工作。

奥娜·贾奇了解到这名海关关长需要一名用人，便立即产生了兴趣。朋友们一定告诉过她惠普尔和他那相对有名的家庭，这促使贾奇回忆起这种工作是她所习惯的。她当然知道如何为富人和名人服务。这项工作很有可能是永久性的，而不是一个临时职位。一旦她们的工资在意外的情况下中断，黑人用人的状况就会变得很脆弱。最重要的是，贾奇的朋友们告诉她，惠普尔没有奴隶，这是她对于潜在雇主的另一个迫切的要求。在朴次茅斯待了三个月后，她知道这可能是她迫切需要的一次机会：一个稳定而可靠的就业机会。

带着乐观和小心翼翼，贾奇同意与惠普尔会面讨论这个职位。贾奇永远没有忘记她的逃奴身份，她不可避免地要保持警惕，当被问及她的烹饪和缝纫技能时，她评估着她潜在的雇主。她迫切需要这个工作，但海关关长似乎有点不对头——事实上，他对她太客气了。惠普尔开始询问她的个人生活，这对 18 世纪朴次茅斯的白人雇主来说是正常的，但惠普尔似乎过于了解贾奇的生活。毕竟，这是他们第一次见面。惠普尔问她是否有丈夫，然后开始问一些关于她爱情生活的奇怪问题，这些奇怪的问题会让任何一个年轻女人感到不舒服。海关关长拼命想要在不打草惊蛇的情况下核实贾奇的身份，但他失败了。当他向贾奇询问一位法国求婚者的情况时，他的伪装很快就被揭穿了。她否认与任何人有关系，她开始意识到自己被骗了。贾奇冷静下来，等待时机，准备迅速离开。

她害怕的那一刻终于出现在她面前。现在她站在总统任命的这名白人官员面前，思考着在她被遣送重新做奴隶之前还有多少时间。但有一件事可以安抚她紧绷的神经，对贾奇来说，惠普尔似乎是个很善良的人；也就是说，他还没有叫警察来逮捕她。

当惠普尔表明自己的意图时，他意识到这名逃奴的恐惧。他别无选择，只能向贾奇坦白，让她相信他是一位盟友，而不是敌人。是的，他虽然得到了华盛顿总统的授权，但他有自己的办法解决她的困境。惠普尔没有告诉她该做什么，而是和她商量，询问她为什么要逃跑，并讨论了取代在弗吉尼亚或其他地方的奴役生活的其他选择。在他们的讨论中，贾奇意识到这位海关关长不会用暴力手段来逮捕她。相反，他想和她谈谈，跟她讲道理；他给了贾奇说出她自身想法的勇气。

她的语言从甜言蜜语般的欺骗转向义愤填膺的宣告，从谈话开始时对华盛顿夫妇的友好话语变成了一种意图宣言。她告诉惠普尔，在任何情况下，她都不会返回到奴隶制度下，在那里她可以"被出售或赠予任何人"。[15] 她宁愿死也不愿返回。

在这场谈判僵局中，惠普尔认为妥协是唯一的出路，他向贾奇保证，他可以代表她与总统谈判。华盛顿可能会同意在未来安排贾奇获得自由，在他们夫妇去世之后。这一妥协将允许贾奇回到她的家庭，她所熟悉的相对奢华的环境，从而结束她作为逃奴的灰暗生活。她所要做的就是信任他，这对任何一位黑人逃奴来说都是高要求。

贾奇意识到形势已经好转，海关关长正在与她谈判，请求她听从他的建议，恳求她自愿返回费城。贾奇意识到她需要做的只是离开。她的决心如同在这个新州里随处可见的花岗岩一样坚不可摧。她告诉惠普尔他想听的话，同意回到她的主人那里，然后离开了他的视线，但她并没有打算遵守她的诺言。惠普尔对贾奇说，他会在船上为她安排一个座位，并承诺她会顺利地返回到华盛顿的家里以及恢复作为奴隶的生活。

贾奇礼貌地同意在船计划出发时登上这艘船。她离开了海关关长，很可能回到了她寄宿的地方。如果总统想追回这名逃奴，他将不得不动用武力。她永远不会回到华盛顿夫妇那里，更不用说她会顺从地主动回去了。

━━◆◇◆━━

由于恶劣的天气阻止了那艘船离开朴次茅斯，惠普尔原本的将逃奴遣返的计划被推迟了。过了几天，海面终于平静下来，船只可以安全离开港口。海关关长派人向贾奇传话，给她一段时间准备离开，最终和华盛顿夫妇团聚。惠普尔有责任监督贾奇离开，所以他很有可能在码头上踱步，等待她的到来。他反复地看他的手表，随着时间的推移，他变得焦虑起来。惠普尔很可能说服自己，可能存在某种误会，也许让船长在离开港口前再稍等一会儿。但随后，一切都变得清晰起来。就像惠普尔用一个虚假的就业机会引诱贾奇去他家一样，反过来贾奇也欺骗他安排了一场傻瓜似的行动。贾奇从未想过要离开朴次茅斯。两个人相互耍了对方。

如果贾奇曾经对她的决定犹豫不决，朴次茅斯的黑人社区优先帮她下定了决心。她的朋友们一发现这图谋不轨的妥协，他们就认真地说服她留在朴次茅斯。最终，贾奇被"劝阻返回，这艘船并没有载着她离开"。[16] 这位女奴躲开了那位华盛顿同伙的空洞承诺，因为他身负追捕逃奴这一不光彩的事业。惠普尔最后空手而归。

即使是贾奇误导了惠普尔，他也没有生气。他知道，他在奴隶抓捕方面的失败尝试会让总统感到棘手，但他不能责怪贾奇做出的回应。怎么会有人想要回到奴隶的生活呢？他没有担心贾奇，而是把注意力转向了另一个手头任务，那就是通知沃尔科特部长，他没有成功地逮捕这名逃奴。当他坐下来写那封艰难的信时，他明白了外交手腕的必要性。惠普尔需要解释，他试图捕获贾奇的企图只是简单地失败了，而且在任何情况下，他都要掩饰对这一失败自己并没有不高兴。他的语气充满歉意，解释说他找到了贾奇，调查了情况，并发现了几个重要的细节。他写道：

　　经过一番谨慎的检查，我觉得她并非像我们设想的那样是被诱骗走的，对她到达这里或波士顿后将要获得的自由的渴望是她潜逃的唯一动机。[17]

海关关长知道，这一信息以及他信件的其余部分会给沃尔科特和总统带来烦恼，所以他试图解除这个他知道将要引爆的炸弹。他对贾奇的评价很高，并注意到她对第一家庭的尊重。根据惠普尔的说法，贾奇谈到总统和他的妻子时言辞温和，充满感情：

　　她很敬重也很爱戴总统和他的妻子：她对她的主人表达了极大的爱戴和尊敬，她毫不犹豫地宣布，她愿意回归到总统夫妇的生活中，以忠诚的态度来服务总统夫人，如果在他们去世后，她能得到自由的话。当然她应该比他们活得更久。[18]

惠普尔唯一能看到让贾奇返回的办法是，许诺她最终可以获得自由，而他要代表她去谈判。惠普尔大胆地告诉沃尔科特和总统，接下来渐进地废除奴隶制是最好的选择。这位海关关长甚至敢于告诉美国第一任总统，他应该考虑释放他的奴隶，而且他应该从贾奇开始。

　　惠普尔可能已经猜到了总统收到他的信之后会发生什么——加重追回这名逃奴的企图，他认为这是一项毫无意义的工作，尽管他并没有这么直接地说出来。相反，他提醒沃尔科特，新罕布什尔州人民的态度正在改变，他们不再支持奴隶制。不仅新罕布什尔州的白人不太可能支持总统的秘密行动，黑人还会尽其所能地保护逃奴免于再次沦为奴隶。惠普尔写道：

> 据我所知，许多来自南部各州的奴隶已经来到马萨诸塞州，还有一些到达新罕布什尔州，他们认为这两个州都是收容所；在这里，人们普遍地倾向于支持自由，这使得奴隶的主人很难再追回他们。[19]

惠普尔小心翼翼地不去明确表达自己对奴隶制的看法，将财政部长指向一个新的方向，这样可以让他自己从这件事中脱身，将其推给其他人。惠普尔对沃尔科特说，贾奇是不可动摇的，她不会自愿返回的。在这种情况下，惠普尔认为最好是让总统雇用一名律师，而所有未来的调查都"应该由总统府的官员和新罕布什尔州的隶属美国政府的律师"[20]负责。

惠普尔想退出这件事。他知道这是一个马蜂窝，一旦他明白贾奇不是在半夜里被偷偷带走的，他就不再做追捕逃奴这一肮脏的勾当了。惠普尔在信的末尾结束了他与这一混乱事件的直接牵连。他写道："很抱歉，我放弃了以有利的方式执行这项任务的期望，我一开始也希望能办成。"[21]

如果华盛顿想要他的女奴回来，他就必须遵守法律，而且直面新罕布什尔州以及新英格兰地区日益增长的人民的反奴隶制情绪。

∙┅✕┅∙

小奥利弗·沃尔科特通知总统，夺回逃奴这件事惠普尔办砸了。在愤怒和沮丧的那一瞬间，华盛顿解除了沃尔科特追捕逃奴的任务，在 1796 年 11 月 28 日他直接写信给惠普尔。他谈到了惠普尔关于解放奴隶的建议，他说，"要和她达成这样的妥协……是完全不可接受的"。[22] 总统被一种简单的与他的奴隶谈判的想法激怒了。他认为贾奇的行为应受到谴责，并拒绝以自由的承诺来奖励这种不良行为。也许是为了迎合惠普尔的道德信念，华盛顿继续暗示他对奴隶制的疑虑，他说：

> 不管怎样，我可能会逐渐废除奴隶制，甚至是根据人们的意愿彻底解放奴隶（如果后者在此刻是可行的话），但它既不会是政治的，也不会仅仅是对不忠诚的人给予过早的奖励。[23]

总统在晚年对奴隶制的态度确实缓和了；[24] 到了 18 世纪 80 年代，在贾奇逃跑前的几年里，他一直在与亲密的朋友如托拜厄斯·利尔和法国军官、革命同志拉法耶特侯爵（Marquis de Lafayette）等一起，讨论自己终身实行奴隶制而带来的日益增长的不安情绪。但是华盛顿不愿意忍受没有奴隶的生活，当然也不愿意释放贾奇，只是提供费用让她返回弗吉尼亚州的家乡。总统解释说他将公平对待他的逃奴，然而事实上他不会这么做，因为后者的行为是无礼的且不可接受的。

尽管华盛顿对这一处理不当的形势进行了微妙的指责，但他拒绝让海关关长脱离他的任务。这根本不是总统愿意向他指定的官员提供的选择。他指示惠普尔向贾奇保证，她不会因为一时缺乏良好的判断力逃亡而受到惩罚。总统写道，"她的女主人将会原谅贾奇，她将会接受我同样的对待，她的其他家庭成员（人数非常多）将会接受同样的待遇"。[25] 总统向贾奇伸出这一明显的橄榄枝，实际上是一种几乎不加掩饰的威胁。逃奴们非常了解，他们的逃跑会经常使得他们的家庭成员承受报复的风险，而随意提及贾奇的家庭也提醒着贾奇，对她逃跑的惩罚可以直接落在她的直系亲属身上。这是总统与女奴谈判的唯一筹码；他要求贾奇回来重新做他的奴隶，否则她的逃跑行为就会给她的家人带来痛苦和灾难。

如果贾奇不自愿返回，总统要求惠普尔强制将这名女奴安置在开往亚历山大港或联邦城的船上，直接带回到实施奴隶制的地方。华盛顿明确表示，他不希望惠普尔对贾奇使用极端的武力，因为他知道这可能会引起公众骚乱，或者"煽动群众滋事或一场暴乱"，[26]这是华盛顿在总统任期的最后几个月里不想面对的。

总统提醒惠普尔使用自由裁量权，不要像他第一次与逃奴见面时那样一开始就公开自己的计划。作为美国革命战争中的一名英雄，华盛顿明白策略的重要性，他知道在战斗中，有时意外是最好的武器。抓捕行动只会谨慎地进行，如果处理得当，贾奇可以以相对快的速度回家，总统希望维护他夫人的利益，因为她"希望再次得到贾奇"。然而，在华盛顿的信中，最后几句话揭示了他迅速追回其奴隶财产的动机：

> 我们宁愿把她送到弗吉尼亚州，而不是带到费城，因为我们在这里的逗留时间所剩无几；并且从我提到的情况来看，她很可能怀孕了。[27]

所以现在总统认为，贾奇怀孕了。如果这是真的，第一家庭的财产就会随之增加，总统现在正在追捕贾奇和她未出生的孩子。[28]

几乎整整一个月之后惠普尔才给华盛顿寄了回信。这位海关关长可能异常繁忙，但更有可能的是，他不知道该怎么说，而且担心未能追回总统的奴隶而产生的后果。直到 12 月 22 日，惠普尔才坐下来给总统写信。在华盛顿任期只剩三个月的时候，惠普尔小心翼翼地向第一夫人道歉，因为他无法逮捕贾奇：

> 我真诚地为我没有完成这一任务而感到惋惜，应沃尔科特先生的请求我确实很努力地想要将您夫人的仆人带回来——这确实成了我深感焦虑的一个问题，尤其是考虑到贾奇的服务对她的女主人很有价值，而且不容易被替代。[29]

惠普尔对总统在他们最后的通信中提出的一些主张做出了回应，以确保华盛顿明白他没有做错。惠普尔可能多少感到了委屈，因为华盛顿总统不知道他在多大程度上保护了总统在新罕布什尔人民心目中的声誉。在他看来，他这么做保护了总统的最大利益。

尽管如此，没有一位被任命的官员想要激怒总统，所以惠普尔不情愿地同意做所有可能做的事情，继续执行追捕贾奇的计划。他明确表示，只要没有引起公众愤怒的呼声，他就会继续追捕贾奇。惠普尔没有做出任何承诺，他表示对于何种条件适合让这名逃奴返回，他会自己做决定。

惠普尔在信的结尾承诺，他会尽一切可能帮助总统，但要在总统提出政治建议之后。虽然总统已经开始准备离职，但此刻，惠普尔可以引起总统的注意，他建议，渐进废除奴隶制将是遏制奴隶逃亡的唯一方法，奴隶逃跑将会对北部的白人、南部的奴隶主和逃奴本身造成严重的影响。奴隶主（例如总统）可以"阻止这种日益增长的邪恶"和对逃奴的恐吓——他们所要做的就是放弃奴隶制。

也许惠普尔被他自己的感情和对奴隶制的担忧所驱使，但更有可能的是，他不能也不愿为总统继续服务，这也与他不断变化的政治效忠有关。他和他的朋友约翰·兰登都已经从联邦党脱离出来，这促使惠普尔觉得没有义务再为即将离任的总统服务。虽然他从未就奴隶制度的道德破产问题提出个人意见，但惠普尔表示支持逐步废除奴隶制，这一策略将尊重奴隶主的经济投资，并允许被解放的男女继续留在自己所在的州。逐渐结束奴隶制可能会扭转逃奴向北迁徙的趋势，使新汉普郡的居民和新英格兰的居民摆脱南部奴隶制的束缚。[30] 惠普尔的信中把一件事交代清楚了：华盛顿总统不可能

依靠他在新罕布什尔州任命的官员或民选的官员来帮助他追回这名
逃奴，让她回到弗吉尼亚州。

---※---

　　总统再未就贾奇的事情回信给惠普尔，他承认自己对海关关长施
加的影响远远低于他的预期。他意识到他不可能再重新追回这名逃奴
了，至少不能立即这么做了。玛莎·华盛顿需要耐心等待，并另选一
名奴隶来为他们新婚的孙女服务，这一任务被证明是非常艰难的，
尽管在弗农山庄有数百名奴隶待用。与此同时，华盛顿将把他的注
意力转移到他的副手，在马萨诸塞州出生的副总统翰·亚当斯身
上，他在几周前刚刚赢得了美国第一次有争议的总统选举。华盛顿需
要专注于一次无缝的行政过渡，并永久地回到他深爱的弗农山庄。追
捕一名逃奴不再是总统优先考虑的事情了。

　　奥娜·贾奇暂时安全了。

十二　斯坦斯夫人

PORTSMOUTH, *Jan.* 14.

MARRIED]—*At Haverhill, (N. H.)*
Thomas Thompson, Esq. Attorney at Law,
to the amiable Miss Eliza Porter, daughter
to Col. Asa Porter, of said place.
In this town, Mr. John Stanes, to Miss
Oney Gudge.

1797 年 1 月 14 日的《新罕布什尔公报》。

在惠普尔给总统写了十二月份那封信后的第三天，贾奇庆祝了
她离开华盛顿夫妇后的第一个圣诞节。贾奇微薄的工资不允许她为
她在朴次茅斯的新朋友买昂贵的礼物，但她可能会给他们买些坚果
或少量巧克力，象征性地对他们为她所做的一切表示感谢。过去的
一年令人目眩。尽管她对自己从华盛顿夫妇那里偷来的自由心存感
激，但她的喜悦总是会被减弱。她所爱的亲人仍然在弗农山庄被奴

役，而她成功逃脱的罪恶感，一定重重地压在她的心里。大多数逃奴都选择短暂遗忘，与他们过去的记忆形成一种情感上的距离。贾奇把她的痛苦和悲伤深深地埋进她的灵魂深处——这将是她迈向新生活的唯一途径。

然后她继续前进。这位单身年轻女子的消息很快就会在这个黑人小社区传播开来，条件合适的单身汉们也会注意到这个新来者，即使她有着复杂的逃奴身份。最终是杰克·斯坦斯（Jack Staines）引起了她的注意。

贾奇做了一个快速的决定，她很快就明白她需要找一个丈夫。在 18 世纪的美国，一个女人（不管是白人还是黑人）需要配偶的保护而生存。独立生活对贾奇来说不是件容易的事，尽管她能够承担起低收入的工作，但黑人女性知道，一个家庭必须要有两份收入。虽然在种族歧视的背景下，男性自由黑人也不断地被剥夺尊严，但他们的男性身体却拥有一些权力，这将使贾奇有机会获得安全，甚至是富足。

伊丽莎·劳将不会是唯一一位快速选择丈夫并迅速结婚的人。奥娜·贾奇和杰克·斯坦斯在 1796 年一起庆祝了圣诞节，他们非常清楚总统可能会在任何时候试图追回贾奇。1797 年 1 月，两人选择结婚。对于贾奇来说，这提供了另一个获得自由的可能性。

在浪漫的婚姻观念成为常态之前，这个新国家的男人和女人结婚的原因不仅仅是因为爱，更确切地说是为了生存。男性农民会迎娶那些有少量嫁妆的年轻女性，她们也有能力完成家庭和野外生活的艰苦工作，而这些工作通常伴随着小农场中的生活。除了嫁妆之外，女性可以为婚姻带来很多东西，但孩子是所有人最珍视的奖品。为了确保家族能够继续传承下去，孩子，特别是男孩，在一个自给农业仍然是许多人的工作方式的时代，给小农提供了一个重要的核心家庭。孩子们将成长为强壮的青年男女，能够在各地的农场里、家庭里和手工商铺里帮助父母干活。[1]

当然，贾奇没有嫁妆，但她很年轻，身体健康。在没有家庭亲属关系的情况下，自己谋生几乎是不可能的，贾奇在一位自由黑人男性那里找到了一种结束贫困和孤立无援的补救方法。不管是一场基于利害关系的婚姻还是一场真正的爱情故事将这两个人结合在一起，贾奇都将在新的一年里与这名自由黑人男子合法结婚。奴隶制度禁止男奴和女奴合法结婚，[2] 如果是在华盛顿－卡斯蒂斯家族的所有权下，她可能永远不会有选择配偶的自主权。

像许多生活在东北部沿海地区的自由黑人一样，杰克·斯坦斯在海上工作了很长一段时间。在这条就业道路上的黑人被称为"黑杰克"（black jacks），尽管航海被白人认为是最不稳定和不体面的职业，但它给那些在其他地方挣不到体面工资的黑人提供了机会。在海上，这些"黑杰克"受到他们同事和船长的种族歧视，[3] 但公海也给他们提供了保护，让他们免受腐败的奴隶捕手和奴隶拐子的迫害，这些人潜伏在北部城市的街道和小巷中。因为被禁止从事体面的工作，在早期的自由黑人社区中，黑人水手常常被推举到荣耀的地位。更重要的是，杰克·斯坦斯和其他黑人船员在航海结束时接受的一次性工资（与白人所接受的工资一样），会让他们有足够的钱用于购买土地或房屋，这一目标在 19 世纪初是大多数黑人都无法实现的。

当然，这份工作也存在风险：前往南部或加勒比海的航行是危险的。19 世纪初，一些南部州监禁了自由黑人水手。在镇压了丹马克·维西（Denmark Vesey）领导的奴隶起义之后，南卡罗来纳州通过了 1822 年《黑人海员法》（Negro Seamen Act）。[4] 像斯坦斯这样的驶进查尔斯顿港口的一些自由黑人在逗留期间会被监禁，[5] 而那些使用自由黑人船员的船长们被迫为他们的船员支付保释的费用，直到他们离开港口。在去往牙买加和巴巴多斯等地方的长途航行中，自由黑人海员不仅遭遇海盗掠夺、沉船和疾病的危险，而且还面临着被非法奴役的恐惧。如果杰克·斯坦斯被囚禁并被卖到加勒比海沦为奴隶，谁会来拯救他吗？然而，尽管风险很大，薪水也很低，黑人船员们为了养活自己和家人，不得不赌上性命。

婚姻不会让贾奇从繁重的家务劳动中解脱出来，她还得工作。贾奇的地位与那个时代的许多自由黑人妇女一样：她必须要有收入。无论她从家务劳动、洗衣服或缝纫中获得多少微薄的收入，都能帮助这个家庭在杰克·斯坦斯发工资的间隔中生存下来。贾奇知道，嫁给一位黑人水手会充满各种机会；在斯坦斯家族，她找到了一位称职的丈夫，可以供养她和任何他们可能拥有的孩子。然而，她也知道，嫁给一位水手意味着长期独守空房和孤独的日子。贾奇会花上几个月的时间等待杰克·斯坦斯的船出现在港口，而她等待的时候，她要独自躲避任何潜在的奴隶捕手。

⇥✕⇤

斯坦斯夫妇结婚的消息在朴次茅斯传开，甚至传到了迫切需要得到消息的惠普尔那里，他不情愿地同意继续帮助华盛顿。他了解到，杰克·斯坦斯和奥娜·贾奇精心策划了他们即将到来的婚礼，以此来庆祝圣诞节。这对夫妇拜访了朴次茅斯的县书记官，并申请了结婚证，[6] 谨慎地遵守法律，以确保他们的婚姻在法律上得到该州的认可。这一结婚证书不仅是杰克·斯坦斯和奥娜·贾奇相互选择的象征，而且具有法律效力。如果杰克在海上的长途航行中发生了什么事，贾奇将是她丈夫被拖欠的工资或他所购买的土地的合法受益人。合法的结婚证明并不仅仅是逃奴的奢侈品，还是另一种形式的保护。

当惠普尔得知这对夫妇申请结婚证书时，他感到有必要和朴次茅斯的办事员进行沟通。尽管他对自己卷入华盛顿的奴隶追捕行动感到不安，但惠普尔却向办事员透露了自己的秘密，可能是告诉他准新娘的情况，她强大的前主人以及他们渴望收回自己财产的强烈愿望。不管办事员和惠普尔之间有什么交流，都导致了文书工作的拖延，这对夫妇很快就知道，他们在朴次茅斯申请结婚证几乎是不可能的。

这一障碍让这对年轻夫妇感到失望，但杰克·斯坦斯和奥娜·

贾奇不会放弃他们对合法婚姻的追求。他们只是暂时不能如愿。这两人一定是和朋友们交谈，听取建议，并计划了下一步的战略行动，他们最后决定完全绕过朴次茅斯的办事员。斯坦斯和贾奇前往附近的格陵兰，这个离朴次茅斯市几英里的地方，在那里，县书记托马斯·菲尔布鲁克（Thomas Philbrook）向这对夫妇提供了他们所需的文件。[7]就在《新罕布什尔公报》对乔治·华盛顿总统向全国人民表达感激之情所做报道的同一页，这对新婚夫妇向新罕布什尔的社区宣布了他们的婚姻。1797年1月14日，该报纸的一小部分公布了最近的婚姻记录，只列出了两对夫妇。在新罕布什尔州的黑弗里尔（Haverhill），托马斯·汤普森（Thomas Thompson）和伊丽莎·波特小姐（Eliza Porter）成婚，在他们名字下方列出了贾奇和她的自由黑人丈夫的名字。简单的十个单词公开宣布了他们的婚姻："在这个小镇上，约翰·斯坦斯先生迎娶奥娜·贾奇（Oney Gudge〔原文如此〕）小姐。"朴次茅斯南部教堂的牧师塞缪尔·黑文（Samuel Haven）主持了他们的婚礼。

因为没有多余的钱购买新的结婚礼服，贾奇从她现有的衣橱里挑选了一件衣服。几个月来，这名逃奴衣着朴素，穿着适合家庭女仆的简单衣服。但在她结婚的那天，她拿出了一件漂亮的裙子，这是她在侍奉华盛顿夫妇时穿的。许多妇女会在头发上戴些小花，以纪念这个特殊的日子，但是一月的大雪天使得贾奇没有这样的装饰。也许在她的结婚礼服上增添了一些花边，但是面纱太昂贵，太不实用了。杰克·斯坦斯可能穿着燕尾服和他最漂亮的裤子（这是水手和工人的标志性裤子），而不是昂贵的及膝丝绸马裤。婚礼上不会有昂贵的结婚戒指，也不会有精心制作的庆祝餐，但这对新婚夫妇可能会共享一顿简单的晚餐，有鱼或牡蛎炖肉、黑面包，还有一些印第安布丁作为甜点。

这对夫妇一起度过了他们新婚后的第一年，安顿下来，稳定工作，并努力向前迈进。按照惯例，贾奇沿用了她丈夫的姓，成为奥娜·斯坦斯，并继续适应她的新生活。靠丈夫的航海收入和她自己作为仆人的工资，两人得以搬进了他们自己的家。人口普查显示，杰克·斯坦斯（他还使用约翰这个名字）是户主，[8] 还有其他三个人一起住在斯坦斯的家里。根据记录，他们的家里没有奴隶，这说明身为逃奴的斯坦斯夫人已经变成一位自由女黑人了。早期的人口普查记录为白人家庭提供了更多的细节，如所有家庭住户的性别和年龄。关于有色人种的记录远没有那么详细，只是简单地记录了个人的自由身份和某个家庭的人数。许多从事家政服务的黑人女性都和雇主住在一起，但斯坦斯夫人并不属于这一类。她不仅和她的雇主住在不同的独立的地方，还和她的丈夫以及其他两个人住在一起。

其中一个室友可能是一名需要帮助的人，一个无法独自生活的寄宿者，他向这个年轻的黑人家庭求助。这个人很可能会分担一些家庭开支，从而减轻了斯坦斯一家继续增长的财务负担。而且贾奇也曾经受到一个寄宿家庭的帮助，这给了她回报的机会。在她需要的时候，一个家庭收留了她，现在轮到她回报了。此外，他们也希望有额外的收入，尤其是当她告诉她丈夫一个令人兴奋的消息时：
她怀孕了。

奥娜的怀孕将会巩固这对年轻夫妇的婚姻，这提醒杰克和奥娜他们有更多的事情要考虑。她继续从事仆人的工作，尽管随着时间的流逝，她的肚子越来越大。当她临近生产时，完成擦洗地板和搬运沉重的东西这样的工作几乎是不可能的，但她并没有准备不工作的奢侈打算。背部疼痛和双脚肿胀这些症状是不能影响她挣工资的，因此，奥娜最有可能依靠家庭疗法来缓解她的不适。据说，醋和玫瑰水溶液可以减轻足部和踝关节的炎症，并且她在腹部和颈部的后方绑上了绷带，以提供背部支撑。她在弗吉尼亚看着那些女奴们长大，她们一直在田地里工作直到她们的孩子出生。这些妇女在分娩后不久就返回工作岗位，从没有时间让她们的身体从生产的创伤中痊愈。她也得这么做。

当生产来临的时候，她会依靠她的朋友们来帮她接生。生产通常是漫长而危险的，往往会夺走母亲和孩子的生命。也许她积攒了足够的钱来请一名助产士，这个人可以指导她分娩，她的朋友和邻居都支持她坐到一个分娩的凳子上。虽然我们不知道确切的日期，但在 1798 年的某个时候，奥娜·斯坦斯生下了一个健康的女婴。他们给她取名叫伊丽莎（Eliza）。[9]

这个孩子的诞生是自由的另一个标志。根据她自己的意愿，奥娜·斯坦斯在她丈夫的帮助下养育伊丽莎，这个年轻的家庭有了自己的未来。然而，出于对现实的恐惧，斯坦斯夫人不得不抑制她的幸福感。她永远也不能放松警惕自己有朝一日会在睡梦里被逮捕的危险。每个日日夜夜，斯坦斯夫人都知道，她的世界可能会被她法律上的主人要求她强迫回归而颠覆。现在风险更高了，她不得不考虑她的小女儿伊丽莎。斯坦斯夫人的女儿继承了她的奴隶身份。尽管伊丽莎出生在朴次茅斯，但她却是卡斯蒂斯家族的合法财产。杰克·斯坦斯作为自由人的身份并不能传给他的女儿。

━┅━✕━┅━

　　约 500 英里之外，华盛顿夫妇正在重新了解他们心爱的弗农山庄。约翰·亚当斯当选这个新国家的第二任总统，[10] 乔治·华盛顿退休后成为一名普通公民。1797 年 5 月，玛莎·华盛顿最终返回家乡，她兴高采烈地离开了公众生活，重新与家人团聚。在过去的 15 个月里，她经历了一场风暴，先是要接受伊丽莎·帕克·卡斯蒂斯那匆忙的订婚和结婚消息，然后是她的女奴逃跑了。

　　在总统大选的令人兴奋的日子之后，华盛顿夫妇准备接受更多改变他们生活的新消息。现在他们的孙女伊丽莎白·帕克·卡斯蒂斯已经结婚，并准备生下她的第一个孩子，这是第一个能活过孩提时代的卡斯蒂斯－华盛顿家族的曾孙辈孩子。1797 年 1 月 19 日，小伊丽莎出生，这标志着华盛顿家族一个新时代的到来。托马斯·劳和伊丽莎白·劳这段快速而轰轰烈烈的婚礼现在因为一个孩子的出生而变得更加坚固。讽刺的是，奥娜·斯坦斯和伊丽莎白·卡斯蒂斯两人的女儿起了同样的名字伊丽莎，她们都因女儿的出生开始了新生活。

　　在新罕布什尔州的前几年，这个年轻的家庭找到了一种生存方式，避免沦落到贪财的奴隶捕手那里。但是，总统在相对较短的时间内重新燃起了追回奥娜的兴趣。到 1799 年 7 月，华盛顿已经离职作为平民生活两年多了，他认为是时候再次追回他的逃奴财产了。在一次与玛莎·华盛顿的侄子小伯维尔·巴赛特（Burwell Bassett Jr.）的会面中，前总统重新燃起了追回奥娜的兴趣，这一次他依靠他的侄子来谨慎处理这件非常私人的家族事务。

　　在总统的心目中，小伯维尔·巴赛特是通过谈判让这名女奴回归的最佳人选。巴赛特是弗吉尼亚参议院的一名议员，他可以到新罕布什尔州当差，在那里，寻找机会与前总统的盟友及朋友约翰·兰登参议员进行交流。

　　随着这次旅行最后行程的确定，总统给巴赛特写了一封信，信中明确表示玛莎·华盛顿仍然需要她的这个"贴身仆人"，他还向他的侄子提供了有关奥娜·贾奇逃跑的更多细节。他从未用过她的婚后名字。三年后，尽管惠普尔当初的报告与此相反，总统仍然坚称，斯坦斯夫人"是被一个法国人怂恿逃跑的"，她曾考虑过回到华盛顿夫妇那里，但当她要求得到自由而被拒绝时，她决定留在新罕布什尔州。[11]华盛顿的这一观点从未改变过。在任何情况下，他都不会允许斯坦斯夫人为自己的自由而谈判，并声称这会创造一个不明智的"和危险的先例"。[12]

小伯维尔·巴赛特动身前往新罕布什尔州，在那里，他住在伊丽莎白·兰登的父亲约翰·兰登的家里，约翰·兰登是告知华盛顿这名逃奴出现在新罕布什尔州的第一人。虽然兰登并不认为自己是早期的反奴隶制煽动者，但自从他与总统开始交往以来，他已经改变了他的立场。尽管他在这个新生的共和国开始了政治生涯，但他的政治信仰和同盟关系在华盛顿卸任后却发生了变化。兰登不再是一位坚定的联邦党拥护者，他现在自称为一名民主共和党人。尽管兰登家族蓄奴的历史悠久，但这位参议员对美国宪法中所包含的奴隶制条款保留有不同的看法，并建议在1808年之前废除跨大西洋的奴隶贸易。兰登家族以前拥有的奴隶已经被解放并重新被雇用为有偿劳工，[13]但兰登参议员并没有称自己为废奴主义者。因此，在前往朴次茅斯的旅途中，伯维尔·巴赛特认为他可以依靠兰登参议员的帮助和建议。无论如何，他的这次旅行应该很快结束。毕竟，他已经知道奥娜住在哪里，不用浪费时间再去寻找这名逃奴了。

❈

如今，奥娜·斯坦斯已经25岁，她听到了敲门声，不知不觉地开了门，这变成了她最可怕的噩梦。站在她面前的是过去熟悉的一张面孔，她从来没有想过要再见到他。她一定感到脑袋和脖子上的血喷涌而出，她那熟悉的、令人反胃的恐惧暂时阻止了她的脚步。已经大约一岁大的伊丽莎可能站在旁边，正在家里蹒跚学步，用不稳定的步子摇摇晃晃地走着，带着一种永不停止的好奇心，去触摸任何看得见的东西。伊丽莎会毫不畏惧地望着巴赛特，因为她根本不知道这个能言善道的客人到底有多危险。当斯坦斯夫人面对华盛顿的侄子时，母亲的本能会促使她把孩子抱在怀里，紧紧地抱着，因为那将会是她生命的一场战争。她不能逃跑和躲藏——斯坦斯夫人必须面对这名奴隶捕手。她是多么希望自己没有开门啊！

这个时机再糟糕不过了，因为巴赛特的到来正好赶上杰克·斯坦斯在海上长途航行，独留斯坦斯夫人照顾自己和他们的孩子。她丈夫不在家使得事情变得更加困难，但是华盛顿的奴隶捕手的出现也提醒了斯坦斯夫人，她总是不得不依靠自己的能力和计谋，以及善良的朋友们来躲避她前主人的追捕。

在离开弗农山庄之前，巴赛特听从了给他的建议，那就是，试图说服这名逃奴，如果她自愿返回弗吉尼亚，她将不会遭到报复。他没有使用辱骂或粗鲁的言语，这是一种用来表示她可以回到弗吉尼亚的策略，表示她没有什么理由担心。但斯坦斯夫人知道，华盛顿家族的奴隶捕手只是说了一些谎言，他所说的不过是空洞的承诺。即使巴赛特说了实话，斯坦斯夫人也并没有打算把她的孩子带进奴隶制的死亡陷阱中，把她的丈夫独自留在朴次茅斯。斯坦斯夫人告诉巴赛特，她不会和他一起回去。她明确拒绝了。[14]

作为一名弗吉尼亚人，如果巴赛特必须与奴隶谈判，那一定是不正常的。但很明显，这位逃奴不会退缩。巴赛特美化了这笔交易，承诺华盛顿夫妇"在她到达弗农山庄时将会给予她自由"，[15] 当他继续使用甜言蜜语，并承诺让她愉快地回到弗吉尼亚时，斯坦斯夫人却看穿了这名奴隶捕手的陈旧谎言。也许他拨动了她的心弦，提醒她留在弗农山庄的家人，或者他描述了一个被摧毁的玛莎·华盛顿，玛莎根本找不到另一个人来接替这名逃奴的位置。但随着巴赛特的喋喋不休，斯坦斯夫人下定了决心。奥娜·斯坦斯看着总统侄子的眼睛。正义的愤怒和对她自由权利的信仰促使她对巴赛特做出了最后且激烈的回应，她告诉他："我现在自由了，我选择继续保持我的自由身份。"[16]

根据联邦法律，奥娜·斯坦斯并不是自由的，她可以被捕获并归还给她的主人，但是巴赛特知道他必须在一个考虑解放奴隶制的地区小心行事。总统很有可能警告过他的侄子，他在三年前试图追回这名逃奴时遇到了困难。华盛顿一家一定觉得，三年时间减小了前总统闹出公众丑闻的可能，或者斯坦斯夫人处于极度困境之中，想要主动回来。然而，巴赛特在很短的时间里便意识到，如今要斯坦斯夫人重新回到弗吉尼亚只会更困难，而不是更容易。三年的独立生活使她为她的生命之战做好了准备。

巴赛特被她的拒绝惊呆了，他离开了斯坦斯家，没有完成带回华盛顿夫人贴身仆人的家族任务。[17] 他明白北方人的情感是不一样的，但是他作为南方人却为这名逃奴的顽固感到吃惊。黑人奴隶可能会对新罕布什尔州的白人表示不敬，但在弗吉尼亚这根本不会发生，至少不会有对白人如此迅速的纠正。巴赛特的南部绅士风度随之消失。友好的话语和在弗吉尼亚的自由提议都惨遭失败，所以他需要重新规划方案，他联系他的叔叔，等待下一步的指示。

—•◆•—

在巴赛特没有成功劝说斯坦斯夫人回到兰登家时，他向兰登明确表示，他不会把这名逃奴留在朴次茅斯，如果有必要的话，他会用武力把她带走。

兰登参议员处境艰难。作为一名民选官员，兰登要遵守当地的法律，其中包括跨州遣返逃奴。但这是一种微妙的情况，需要这位参议员在联邦法律和本州公民的情感之间寻求一条出路。兰登听了巴赛特的计划，之后这个敏感的信息被传到了斯坦斯夫人那里。也许这位参议员向这名逃奴传达了信息，但更有可能的是，在兰登家工作的一名自由黑人仆人传达了这一重要的情报。那位年轻的逃奴被告知，她的生命危在旦夕。

总统的侄子最终再次到了斯坦斯夫人的家里，但这次似乎有点不对头。他为这名逃奴而来，这一次不会再有任何体贴的劝说。如果有必要，他会强行带走她。也许巴赛特通知了一些谨慎的朋友，如果她拒绝的话，他们可以帮忙控制这名逃奴和她的孩子。他可能需要把她的胳膊和腿绑起来，强迫她坐在马车的后面，这是他希望避免的场面，但如果必要的话，他愿意这么做。几乎可以肯定的是，一艘船停泊在港口，准备直接驶向弗吉尼亚的亚历山大港。他所需要做的就是逮捕这名逃奴。

他敲了敲门，起初可能很有礼貌，之后便很暴躁，最后他破门而入。他发现这一长期居住的住所已经空空如也。也许他疯狂地询问其他邻居和市民，他们是否看到了这名逃奴，或者他组建了一个小型的搜索队。不管他反应如何，已经太晚了。华盛顿的女奴已经不见了。

当然，这名逃奴再次逃脱了总统和他的代理人。当她得知巴赛特计划强行将她带回弗吉尼亚时，奥娜·斯坦斯带上她的孩子，雇了一个马童驾着一辆马车，匆忙赶往格陵兰，这个离朴次茅斯八英里的城镇。也是在这个城镇里，在朴次茅斯的官员拒绝颁发她的婚姻证明时，这里的官员给了她结婚证。马车行驶得很快，把奥娜和伊丽莎·斯坦斯送到一个自由黑人的家里，即杰克一家里。他们乐意为逃奴提供庇护。

•••✕•••

1799 年 10 月，巴赛特返回弗吉尼亚，不得不将这个不幸的消息告诉他的叔叔和婶婶。他没有成功地逮捕到他们的女奴。巴赛特也一定告诉了华盛顿夫妇，他们关于那位逃奴的一些信息是没有根据的。他们现在知道他们的女奴并不是被一个法国人所占有，而且她已经结婚了，并有了一个孩子。更让他们感到惊讶的是，他们发现这名逃奴没有穷困潦倒，并且再不愿意回到她的前主人身边。她认为自己是一个自由的女人，虽然国家法律另有规定，但她继续过着自己的生活，好像从未做过奴隶一样。

　　斯坦斯夫人逃脱巴赛特的追捕肯定激怒了华盛顿夫妇，但这也让他们意识到几个重要的事实。现在乔治·华盛顿已不再是总统，他们不能再指望过去的朋友和盟友提供帮助。即使是像兰登参议员这样亲密的朋友，也不能再被认为可以帮忙逮捕奥娜·斯坦斯。前总统和他的妻子必须制订一个新的计划，他们只是需要一点时间来弄清楚具体细节。

十三 幸存者

GRANITE FREEMAN

Washington's Runaway Slave,

There is now living, in the borders of the town of Greenland N. H., *a runaway slave of* GEN. WASHINGTON, *at present supported by the County of Rockingham.* Her name, at the time of her elopement was ONA MARIA JUDGE. She is not able to give the year of her escape but says that she came from Philadelphia, just after the close of Washington's second term of the Presidency, which must fix it somewhere in the first part of the year 1797. Being a waiting maid of Mrs. Washington, she was not exposed to any peculiar hardships. If asked why she did not remain in his service, she gives two reasons, first, that she wanted to *be free,* secondly, that she understood that after the decease of her master and mistress, she was to become the property of a granddaughter of theirs, by the name of Custis, and that she was determined never to be *her slave.*

托马斯·阿奇博尔德：《华盛顿的逃奴》，《花岗岩自由人》，
1845 年 5 月 22 日。

1799 年 12 月 12 日，总统骑马穿过弗农山庄的农场。华盛顿对农场活动的管理非常投入，他每天大部分时间都待在户外，忍受着不断变化的天气带来的降雪、冰雹和雨水。回到家时已接近晚饭时间了，华盛顿却忘了换掉他的湿衣服。他总是一个守时的人，所以他选择在晚餐时穿着湿漉漉的衣服，而不是花时间换掉湿衣服，因为晚上雪还在不停地下。总统抱怨喉咙痛，病情加重，最终导致咽部肿胀和声音沙哑。随着夜晚来临，他的喉咙发炎红肿，无法与他的秘书托拜厄斯·利尔一起完成他的晚间新闻阅读。他深爱的妻子不得不要求利尔在他上床睡觉前代替她丈夫完成阅读任务。[1]

总统一夜没能睡好觉，他的咽喉疼痛使他很早就醒了。尽管玛莎·华盛顿想要寻求帮助，但总统拒绝了，而是等到他们的家奴卡洛琳（Caroline）在黎明时分过来点燃壁炉后，他才请求帮忙。他们派人去找利尔，利尔发现华盛顿病得很厉害，呼吸困难，急需医疗救助。在总统的老朋友詹姆斯·克雷克（James Craik）医生从亚历山大港到来之前，总统信任的朋友和监护乔治·罗林斯（George Rawlins）来到总统的病床前给他诊治。当他们等待罗林斯医生的到来时，家庭成员和员工试图减轻华盛顿的痛苦。总统服下了一种混合着糖浆、黄油和醋的液体，以缓解他的喉咙疼，但是这种浓稠的混合物让他几乎无法吞咽。家庭疗法使他的病情恶化，陷入抽搐和窒息中。[2]

克雷克博士到达时，他第二次为华盛顿放血，并下令将醋和鼠尾草茶混合用于漱口。克雷克博士一定感觉到了总统病情的紧迫性，因为他至少派了两名医生来辅助他。他们给总统使用了一系列不舒服的治疗方法，从灌肠剂到催吐药。华盛顿的最后一次流血事件发生在在场的每个人面前，他们都承认总统的情况很严重。华盛顿叫他的妻子玛莎来到他的床边，带着他书房里的两份遗嘱。华盛顿审查了他的遗嘱，并选择了其中一个文件确定为他的最终遗嘱。总统指示他的妻子烧掉他遗嘱的第二个版本，然后他叫来利尔。华盛顿还能说话，他对他忠实的秘书说："我即将不久于人世，我几乎已经不能呼吸了。我从一开始就相信这种疾病是致命的。请您整理和记录我所有的军事信件和文件。整理我的账目、书籍，因为你对它们的了解胜过任何人，并且请罗林斯先生把他已经整理的我的其他信件记录下来。"[3] 1799 年 12 月 14 日晚，乔治·华盛顿去世了。玛莎·华盛顿、华盛顿的朋友和医生，还有四名奴隶围在他的身边。

※

白人奴隶主生活中的重要事件总是直接影响他们的奴隶。通常，主人的去世意味着奴隶的出售或转移，这会使得他们的家庭破裂。但随着乔治·华盛顿的去世，在弗农山庄生活和辛勤劳作的 123 名奴隶了解到，华盛顿最后的遗嘱是最终释放他们，这表明总统确实与奴隶制的观念斗争过。他的遗嘱给那些属于华盛顿庄园的奴隶们带来了广受欢迎的惊喜。总统曾考虑过，在他死后立即解放他的奴隶，但他后来改变了想法。他提出了一些不能立即释放奴隶的原因，但他把重点放在了弗农山庄的奴隶家庭所遭受的创伤。对华盛顿来说，自由将使得奴隶家庭破裂，因为他的奴隶财产中，有超过一半是玛莎·华盛顿的第一任丈夫丹尼尔·帕克·卡斯蒂斯继承人的合法财产。弗农山庄的许多奴隶相互通婚，根据总统的说法，立即释放这些奴隶会在奴隶家庭中造成"令人不快的后果"[4]。从本质上讲，华盛顿的奴隶们一旦被释放，就会被迫离开弗农山庄，留下妻子、丈夫和孩子，这些人都是卡斯蒂斯家族的遗产，仍然会被终身奴役。

总统在他的遗嘱中规定，年迈的奴隶，那些不能工作或养活自己的人会得到帮助，一旦他们被释放，这些人会由华盛顿的继承人提供"衣食住行"。华盛顿还规定，那些父母已经去世的年轻奴隶在25岁之前可以被雇用为仆人工作。在他们劳役期间，他们"会被教会阅读和写字，并被安排到一些有用的职业中去"。

在华盛顿的遗嘱中，唯一被立即解放的奴隶是总统的忠实贴身仆人。身体不适和残疾使威廉·李失去了作为一名有价值的家庭奴隶的地位，但是他与主人长期的亲密关系使得他获得了立即的自由。华盛顿关注的是伴随立即自由而来的困难，特别是对于那些残疾的年迈奴隶，或者是非常年幼的奴隶来说。总统让威廉·李选择是否继续留在弗农山庄被奴役，以减轻他获得自由后的负担。华盛顿确保李自己做出这一重要决定，并且保证在任何情况下，他信任的仆人都会获得安全。他提供给李补偿金，写道："在他有生之年，我给他三十美元的养老金，这会让他买到他所喜爱的食物和衣服。"在解释为什么威廉·李会收到其他在弗农山庄的奴隶没有收到的福利时，华盛顿写道，"这是他对我依恋的证明，以及他在独立战争期间忠实的服务所得。"[5] 李最后选择继续留在弗农山庄，每个季度都会获得养老金，但令他软弱无力的膝盖疼痛导致他饮酒过度。威廉·李在 1810 年冬天去世，被安葬在弗农山庄的奴隶墓地。[6]

华盛顿的其他奴隶的最终释放取决于一件事：他深爱的妻子，玛莎的寿命。华盛顿的男奴和女奴只有在他们的女主人死后才能被释放，这清楚地表明，即使在他死后，华盛顿也希望有人照顾他的妻子。然而，华盛顿的奴隶即将获得解放使玛莎·华盛顿感到不安。这个悲痛的寡妇知道，阻挡这一百多人自由的唯一障碍就是她的生命。在与亲戚和朋友的谈话中，华盛顿夫人表达了她的不安，她"对那些在她死后不久就会被释放的奴隶的谈话感到不高兴"。[7] 这位前第一夫人向她的朋友阿比盖尔·亚当斯坦承："她不觉得她的性命在这些奴隶手中是安全的，"因为她害怕这些奴隶，"他们会被告知，摆脱她是符合他们自己的利益的。"[8] 此后一系列可疑的事件，包括弗农山庄发生的一场大火，促使华盛顿夫人修改她丈夫的遗愿。虽然华盛顿想通过奴隶劳动为他妻子的生活提供保障，但玛莎·华盛顿有她自己的奴隶，数目庞大的嫁妆奴隶完全有能力照顾她及其地产。所以这个寡妇决定最好尽快地解放她已故丈夫的奴隶，1800 年 12 月，她签署了一份释放契约，完成了她丈夫的遗愿。1801 年 1 月 1 日，乔治·华盛顿的奴隶全部得到了解放。[9]

　　当时总统的奴隶们一定欢欣鼓舞，但这却提醒了丹尼尔·卡斯蒂斯继承人的奴隶自己的命运。在当时，生活在弗农山庄的嫁妆奴隶已接近两百人，总统的遗嘱里并没有提及他们，所以也就不能立即被华盛顿夫妇释放。事实上，在华盛顿夫人去世后，卡斯蒂斯遗产中的奴隶们将被分配给她的孙辈们。

　　各大报纸对美国第一任总统的生活进行了报道和哀悼，这无疑使斯坦斯夫人警觉到她主人的去世，但斯坦斯夫人明白，这条消息并不是她的自由之声。她清楚她的来历，知道总统的去世并不能改变她的身份。尽管她已经成功逃脱了奴隶制，并且生活在五百英里外的地方，但她仍然是一名逃奴，从某种程度上讲，更容易受到攻击。

　　随着华盛顿的去世，帕克·卡斯蒂斯家族的继承者们现在掌管着嫁妆奴隶，他们也可能试图抓捕逃奴并将其带回弗吉尼亚。即使华盛顿夫人考虑效仿她丈夫的做法，释放弗农山庄上剩下的奴隶，她也不能这么做。事实上，玛莎·华盛顿只继承了她第一任丈夫三分之一的奴隶遗产；剩下的三分之二都将遗赠给她尚存的孙辈们。弗农山庄余下的奴隶在法律上都不属于她，即使是她倾向于释放他们。

　　无论何种情况，这些嫁妆奴隶都不用长久地去思考他们的命运了，因为玛莎·华盛顿由于疾病只比她的第二任丈夫多活了几年，1802年5月，玛莎·华盛顿去世，她将她的大部分财产转让给了她的继承人。华盛顿夫人的遗嘱包括出售她的大部分财产，其收入会分配给她的孙子们。弗农山庄上的所有嫁妆奴隶都没有获得自由。相反，他们被安置在不同的农场，忍受着他们脆弱的家庭的解体。华盛顿夫人向她的孙子孙女们转移嫁妆奴隶并不仅仅是出于责任或法律上的要求，还因为她忠于奴隶制度。与她的丈夫不同，玛莎·华盛顿对奴隶制的态度并不矛盾。在她生命的最后时光，玛莎·华盛顿只留了一名奴隶，他不属于嫁妆奴隶遗产——这个人叫作埃利什（Elish）。她本可以在她死后释放埃利什，但是她没有这么做。相反，她留下遗嘱把埃利什留给了她的孙子乔治·卡斯蒂斯。

华盛顿夫妇的去世对奥娜·斯坦斯和她不断扩大的家庭来说，并无多大影响。她继续过着她的生活，享受为人父母、婚姻和奴隶制束缚之外的生活。到 19 世纪初，奥娜·斯坦斯和她的丈夫以及孩子们生活在自己的家庭里。[10] 他们夫妇成为朴次茅斯自由黑人社区的成员，尽管她的名字和完整的地址并没有被记录下来。没有任何契约或遗嘱认证的记录以杰克·斯坦斯的名字存在，但很有可能这个年轻的家庭从雇主那里租了他们的房子。也许她的雇主在他们的房屋附近给她租了一个小房子，因为这是许多北部自由黑人的习惯。他们在任何地方都能找到住宿和就业的机会。

当被问及她在 1847 年的生活时，斯坦斯夫人告诉一位《解放者》杂志的记者，她有三个孩子。19 世纪早期的不准确的记录留下了关于斯坦斯夫人孩子的生活的粗略记载，但现有记录表明，伊丽莎·斯坦斯出生四年后，他们欢迎小南希（Nancy）来到了这个不断扩大的家庭里，[11] 也许是以那艘将她母亲带到新罕布什尔州的船的名字来命名的。第三个孩子的文件记录更加神秘，他是她唯一的儿子，没有留下任何死亡证明或出生记录。

斯坦斯家族的第三个孩子可能是威廉·斯坦斯（William Staines）。作为一个成年人，威廉·斯坦斯在纽约和缅因州波特兰的政府办公室注册了一个海员保护证书。从 1796 年开始，国会开始签发这些证书，以保护美国海员不受英国船只的强行征用。该证书提供了早期美国公民身份的证明，并提供了海员的身体特征。在 1819 年 12 月，威廉·斯坦斯 19 岁，准备从纽约市出海。政府当局的文件中描述，这名船员身高五英尺九又四分之三英寸，"肤色较浅"。种族肤色等物理特征包括浅色、暗色、棕色、黄色和黑白混血，尽管这些特征和其他描述性特征都是由政府当局自行决定的。1823 年 3 月，在缅因州波特兰的海员保护证书中，有对威廉·斯坦斯另一种描述，官方记录为身高五英尺十英寸，肤色黝黑。纽约和缅因州的这两份证书都将这位海员的出生地列为新罕布什尔州的朴次茅斯，出生日期在 1800 年左右。[12] 在朴次茅斯的家族里，唯一与斯坦斯姓氏有关的就是奥娜和她的丈夫杰克，这把威廉和这个家庭联系在一起，或者至少是与这一家族联系在一起。[13] 因此，这个年轻的威廉很可能是奥娜的儿子，他跟随他的父亲 [14] 和许多来自东北部港口城镇的黑人，走向开放的海洋，寻求一种可持续的就业形式。如果威廉·斯坦斯知道他母亲逃跑的故事，那么他也明白，从法律上讲，他也是一名奴隶，一名属于帕克·卡斯蒂斯遗产的逃奴。可以理解的是，威廉·斯坦斯在他的一生中都避免"被当作奴隶"，所以他选择了航海职业，这一职业经常把他带到很远的地方。

和他们的自由伙伴一样，这家人努力工作得以维持生计，杰克·斯坦斯不断出海，奥娜·斯坦斯一边照顾孩子，一边继续着家仆的工作。他们的家庭是脆弱的，因为在这个新国家，自由黑人发现他们只是从奴隶制和贫困中走出了几步。疾病或亲人的死亡完全可以改变一个濒临生存边缘的家庭的生活环境。对于女性来说，在失去丈夫或儿子之后，情况会变得更加糟糕。事实上，当杰克去世的时候，奥娜·斯坦斯就不得不面对这个现实。

船员们每次离开码头都冒着生命危险，而在公海上，疾病往往是造成许多人死亡的原因。虽然奥娜·斯坦斯没有留下关于她丈夫死亡的个人证词，[15] 但我们知道他在 1803 年以后不再是斯坦斯家族的一员了。杰克·斯坦斯去世的情况——他是死于长期的疾病还是突发情况？是死在海上还是在自己家里？——至今仍是个谜，但他的死亡通知于 1803 年 5 月 3 日在《新罕布什尔公报》上刊登。[16]具体细节已经不得而知，但他的妻子，那位逃奴的忍耐力却没有丧失。在结婚仅六年之后，奥娜·斯坦斯发现自己独自和年幼的孩子们在一起，在经济上只能靠她自己。她又一次依靠自己的朋友圈找到了生存的途径。

斯坦斯一家住在邻居约翰·巴特利特（John Bartlett）家的附近，

他给这位年轻的寡妇提供了一个女仆的职位。[17] 这种形式的就业将会要求奥娜·斯坦斯与年迈的安·巴特利特和约翰·巴特利特住在一起，以赚取工资来供养她的家庭。现在还不清楚，斯坦斯夫人是否被允许把她的孩子们带在身边。在大多数情况下，劳工妇女被迫长期照顾其他的家庭成员或朋友，而留下自己的孩子们不管不问。对于斯坦斯夫人来说，这实在是太过分了，最终她求助于她的朋友杰克一家来救她。

杰克夫妇（他们的邻居和朋友们这么称呼他们）是一个自由黑人家庭，他们不止一次解救过这名逃奴。1799 年，当华盛顿的侄子巴赛特来到朴次茅斯，想要追回斯坦斯夫人，并把她带回弗吉尼亚时，斯坦斯夫人向这个家庭寻求了帮助。杰克一家住在朴次茅斯市郊格陵兰的一间乡村小屋里，他们在那里为斯坦斯夫人和她蹒跚学步的孩子伊丽莎提供了庇护。杰克·斯坦斯去世后，她不得不再次请求他们的帮助。但这次也是杰克一家需要帮助的时候。

这个家庭的女主人菲利斯·杰克（Phillis Jack）设法改变了她的奴隶身份。由于一些未知的原因，菲利斯·杰克的主人迪肯·詹姆斯·布兰克特（Deacon James Brackett）决定在 18 世纪 60 年代的某个时候放弃他的奴隶财产。由于没有狂热的废奴运动促使他这么做，我们只能猜测他在美国革命前解放一位年轻女奴的原因。比赋予她自由更让人吃惊的是布兰克特馈赠给她的那块土地。布兰克特给了他的前奴隶一块土地和一间被沼泽湿地包围的小房子。奴隶主将女奴，尤其是那些与他们有过性关系的人从他们的家园迁出搬到私人住宅，这并不罕见。奴隶主在森林深处建造小房子，在那里他们可以拥有自己宝贵的奴隶财产而免于嫉妒的妻子们的怒火，这一切都是希望能缓解紧张的婚姻关系。我们不知道菲利斯·杰克是如何获得自由的，但她作为一个拥有土地的自由黑人妇女的身份是值得注意的。

菲利斯·杰克的土地靠近格陵兰和斯特拉塔姆两地的交界处，[18]这是邻近城镇之间财产争夺战的中心。现存的城镇记录中并没有提到菲利斯·杰克是该房产的正式所有者，但其他的账目和目击者报告都认为这位前奴隶和她的家人是这片土地的所有者。格陵兰的居民经常提到流经这片土地的小溪，将其命名为"菲利斯小溪"，而一些不那么友好的邻居则称它为"黑鬼小溪"。[19]

杰克家族的男主人被奴役的时间比他的妻子要长得多，但他在独立战争中靠服兵役获得了自由。像许多奴隶一样，男主人杰克也有很多奴隶的名字，杰克·沃纳（以他的奴隶主名字命名）、约翰·杰克、黑杰克和杰克一家。他的女儿们最终会在正式的记录和账户上使用"杰克"这个姓氏。[20]

当奥娜·斯坦斯再次向杰克一家求助时，他们自己也陷入了困境。1804 年 10 月，在杰克·斯坦斯去世一年后，女主人菲利斯·杰克去世了，此后贫困牢牢地束缚住了这个家庭。尽管这位前奴隶获得了自由，积累了财富，但她的家庭却陷入了极度贫困的境地。她的家人穷得连菲利斯·杰克的葬礼费用都付不起。在美国东北部的许多自由黑人家庭也是这样，他们根本负担不起棺材的费用，也无法雇用专业的掘墓人。费城和纽约等城市的互助组织向黑人家庭提供这种需要的援助，然而在新罕布什尔州的格陵兰却没有这样的组织。最后，公民私人介入，帮助支付了菲利斯·杰克的葬礼费用，并敲响镇上的钟声以宣布她的去世。[21]

奥娜·斯坦斯和她的孩子们最终搬进了杰克家，把这两个绝望和悲伤的家庭融合在一起。[22] 斯坦斯夫人现在已将近 30 岁了，只要能养活自己的孩子，她绝对有能力挣到体面的工资。杰克家有男主人和他的两个女儿，南希和小菲利斯。像奥娜·斯坦斯一样，这两个女人也 30 岁了。与其他陷入困境的黑人家庭类似，她们借助微薄的工资维持生计。

但在接下来的十年里，奥娜·斯坦斯几乎不能供养她的孩子们。在 1816 年 8 月，对斯坦斯一家来说，事情是如此糟糕，以至于他们不得不面对一些不可想象的事情：斯坦斯夫人将她十几岁的女儿们送去做契约劳工。雇主们为她的两个在北部出生的女儿支付了一笔费用。伊丽莎·斯坦斯和南希·斯坦斯为住在一英里外的南森·约翰逊（Nathan Johnson）工作。为了换取食物和住所，姐妹俩在地里干活，为约翰逊家庭的六名成员服务。南森·约翰逊因同意向贫困的青少年提供食物和住所而从该镇获得了三十五美元的奖励。约翰逊把孩子们带进了他的家，这对该城镇是有利的。这些孩子将不再依赖格陵兰的慈善机构资助或被认为是经济上的麻烦。奥娜·斯坦斯和她的女儿们告别了，她们现在是契约仆役，将签订为期八个月的合同。[23] 很可能是在这个时候，斯坦斯夫人的儿子威廉追随他父亲的脚步，离开家去寻找作为一名水手的工作。他只有16岁，但格陵兰的生活已经变得非常困难，奥娜·斯坦斯也无能为力。威廉离开格陵兰，前往东海岸的新海港，新罕布什尔州的居民档案中再也没有记录过他的名字。他母亲所感到的沮丧一定是令人窒息的。

1817 年 4 月，斯坦斯家的女儿们回到家中，但长女伊丽莎却没有久留。约翰逊夫妇期望伊丽莎·斯坦斯能再为他们服务九个月，而这次，她的妹妹没有再跟她一起陪伴她安慰她。当奥娜·斯坦斯担心她的女儿时，她自己仍然被困在不可预知的劳役服务中，未来变得更加惨淡。这个秋天带来了新英格兰典型的寒冷天气，以及杰克家男主人死亡的消息。[24] 自菲利斯·杰克去世后已经有 13 年过去了，当这个家庭发现自己仍无力支付葬礼的费用时，邻居们又来帮忙了。在 1818 年 1 月伊丽莎·斯坦斯回到家中时，家里满是陷入贫困的妇女，几乎没有机会能逃脱贫困。

杰克家的妇女做一些零工，家务劳动以及任何能带来额外收入的工作。南希和伊丽莎·斯坦斯都因她们的艺术才能而闻名于该城镇，随着她们长大成人，她们开始向富裕的朴次茅斯家庭出售她们的素描作品。[25] 杰克家的姐妹们从未结过婚，斯坦斯姐妹也没有结婚，五位女性在内战前的美国岁月里独自生活。随着她们的小房子开始陈旧老化，她们的物质生活也几乎没有改变。[26] 房子里的女人们都很庆幸能有个栖身之所，贫穷扎根已久。

-◦◆◦-

19 世纪 30 年代用难以想象的困难考验着奥娜·斯坦斯。在北部出生的女儿们相继在她面前去世，这是一种残酷的命运，对她来说非常不公平，而且是致命的打击。1832 年 2 月 16 日，伊丽莎在一场"漫长而痛苦的疾病"后去世，年仅 34 岁。[27] 1833 年 9 月 11 日，她的妹妹南希紧随其后去世。[28] 伊丽莎和南希·斯坦斯从未从贫困中解脱出来，她们经历过充满挑战的生活，对饥饿的担忧，被迫的劳役以及始终存在的对奴隶捕手的恐惧。奥娜·斯坦斯尽了最大的努力来抚养她的女儿们，而现在，在她五十多岁的时候，她再次孑然一身。

-◦◆◦-

她对上帝的信仰帮助她度过了一生中最艰难的时刻。在晚年的时候，斯坦斯夫人回忆起她皈依基督教和开始识字的生活，这是她逃往北部之后人生中的两个转折点。斯坦斯夫人回忆说，"在她服务于华盛顿一家时，她从未接受过任何形式的心灵或道德教育"。[29] 对许多逃奴和前奴隶来说，接受教育和以自己的方式信仰宗教是自由的标志。到了 19 世纪 40 年代，自由非裔美国人的识字率不断攀升，斯坦斯夫人把她新获得的读写能力与她的宗教信仰联系起来，她告诉另一位记者，阅读《圣经》和参加宗教活动使她"明智而获得救赎"。[30]

她质疑乔治·华盛顿的宗教信仰，这让她的采访者写下，"她从未听过华盛顿祈祷，也不相信他习惯祈祷"。[31] 虽然有很多关于第一任总统参加教堂活动的报道，但斯坦斯夫人对他的信仰表示质疑。她也没有放过对玛莎·华盛顿的评价，她说，"华盛顿夫人过去常念祷文，但我不认为那是祈祷"。[32] 正是斯坦斯夫人自己与教会的紧密联系，促使她质疑玛莎·华盛顿的宗教操守。

奥娜·斯坦斯可能是参加了萨缪尔·黑文牧师的南方教堂，在那里她嫁给了杰克·斯坦斯。但在她听到伊莱亚斯·史密斯（Elias Smith）的布道后，[33] 她就加入了浸信会教派，史密斯是一位巡回传教士，他在 18 世纪 90 年代游历了新英格兰，从 1802 年长期定居在朴次茅斯市。

斯坦斯夫人和杰克一家搬到一起后，她可能会去斯特拉塔姆的浸信会教堂，那里离她家只有一英里的路程。几十年后，正是这种联系使托马斯·阿奇博尔德牧师采访了这位年迈的逃奴。阿奇博尔德于 1845 年 5 月 22 日在一份废奴主义报纸《花岗岩自由人》上发表了对斯坦斯夫人的第一次采访。这篇文章大约是在她逃亡后的 49 周年纪念日发表的——或者是离那一天很近。随着她孩子们的去世，年迈的奥娜·斯坦斯不再躲在黑暗中。在她 70 多岁的时候，要被送回到帕克·卡斯蒂斯后代那里的恐惧感最终被她征服了。在《花岗岩自由人》的那篇访谈发表前一周，该报宣布了一项新的发表计划—— 一位名叫弗雷德里克·道格拉斯（Frederick Douglass）的逃奴撰写的自述。与其他著名的逃奴名字放在一起，比如弗雷德里克·道格拉斯，这可能不是斯坦斯夫人的本意，但她确实值得别人这么做。

两年后的新年第一天，当时著名的废奴主义报纸《解放者》刊登了一篇文章。斯坦斯夫人的名字和她的生活故事最终被全国成千上万的读者所熟知，这永久地将她与内战前的黑人自由运动联系在一起。采访者本杰明·蔡斯（Benjamin Chase）是反奴隶制协会的助理，也是一位热心的废奴主义者，他很幸运地记录了对斯坦斯夫人的采访。一年多之后的 1848 年 2 月，乔治·奥德尔（George Odell）医生拜访了杰克一家，奥娜·斯坦斯和南希·杰克住在那里。南希的姐姐菲利斯·杰克已经去世，[34] 留下了这两位年迈的妇女。奥德尔医生的上门服务最有可能是治疗生病的奥娜·斯坦斯，她已经近 74 岁了。但是，无论如何治疗或开任何处方药，他都没有成功。1848 年 2 月 25 日，在奥德尔医生来访的 11 天后，奥娜·斯坦斯去世了，[35] 这次不是被奴隶捕手，而是被她信仰的上帝带走了。

尾 声
奥娜的妹妹：费拉德尔菲亚·科斯汀

《1800 年的华盛顿特区》，作于 1834 年。

当记者让奥娜·斯坦斯反思她的逃跑经历时，提出了一个问题，这个问题可以用来询问任何一位在奴隶制阴影中生活过并成功逃跑的逃奴。记者写道，"当问到她是否对离开华盛顿总统而感到遗憾时（因为她现在的工作比以前更辛苦），她的回答是：'不，我是自由的，我相信，通过这种方式，我成了上帝的孩子。'"[1]

虽然她从不后悔逃跑，但她永远不会忘记她的家人，他们仍然住在弗农山庄。抛弃他们是她最大的牺牲。这位女奴当然会和她的灵魂作斗争，思考她逃跑带来的后果，以及她是如何将她的家庭置于危险的境地。她的家人怎么能原谅她抛弃他们呢？他们会变成什么样子呢？她不敢想象他们的愤怒和被背叛的感觉，她一定希望可以得到家人的祝福，想象他们暗地里为她欢呼，因为她冒着一切危险去寻找自由。

奥娜·斯坦斯不知道她的自由给她所爱的人带来了多么巨大的惩罚，尤其是她的妹妹费拉德尔菲亚。斯坦斯夫人逃离了在伊丽莎·卡斯蒂斯·劳严格监督下的生活，结果出人意料，费拉德尔菲亚最终被安排接替斯坦斯夫人拒绝接受的那个职位。她被送到华盛顿特区总统那位情绪不稳定的孙女那里，她发现自己过着原本为她姐姐准备的生活。费拉德尔菲亚做了大多数奴隶被训练去做的事——尽最大的努力活下来。她可能永远不会相信，有一天她也会获得自由。

⋅⊹⋅✖⋅⊹⋅

1796年初夏，当华盛顿夫妇没能携带奥娜·斯坦斯回到弗农山庄时，便没有办法阻止谣言和流言蜚语，这些谣言像传染病一样蔓延到奴隶营房和主屋里。贾奇的失踪提醒所有在弗农山庄工作的人，只要有合适的机会，通过逃跑就可以获得自由。她的离开一定使她在华盛顿的奴隶中赢得了特殊地位，也许是作为一名英雄的认可。但无论多么骄傲或得意，弗农山庄的奴隶们都不得不抑制所有的喜悦之情。这名逃奴进入了他们的心间，在传说中的其他奴隶的故事中占据了一席之地，这些奴隶为了自由而甘冒一切危险。哈利（Harry）、汤姆（Tom）和威尔·莎格（Will Shag）是弗农山庄上少数冒险逃亡的奴隶之中的几个。他们有的找到了自由，但在大多数情况下，都被抓捕回来并送到拍卖台上。奥娜的名字现在牢牢地扎根于自由创造者的传说中。

　　但并不是每个人都对逃奴的逃跑蕴含着热情。玛莎·华盛顿对被她的奴隶抛弃深感不安，这个奴隶不仅因为逃跑而触犯了法律，她还破坏了第一夫人为新婚和怀孕的孙女提供援助的计划。玛莎·华盛顿被迫为伊丽莎·劳做新的安排，她转向了年轻的费拉德尔菲亚。

　　费拉德尔菲亚当时只有 16 岁，被迫担负起为伊丽莎·劳服务的职责。也许费拉德尔菲亚已经证明了自己是值得信赖和可靠的，因此她可以自然地替代她的姐姐。或者，出于愤怒，华盛顿夫人特意选择费拉德尔菲亚来为伊丽莎·劳服务，这一职责要求费拉德尔菲亚离开弗农山庄，前往伊丽莎在联邦城的新家。如果玛莎·华盛顿的动机是出于报复的话，那她是成功的。费拉德尔菲亚追随她姐姐的脚步，离开了她在弗农山庄所熟悉的世界。奥娜和费拉德尔菲亚都走过同样的路：远离她们的家庭，被送到新的城市生活和服务。

1797 年 1 月 19 日，伊丽莎·劳和她的新婚丈夫托马斯迎来了他们的第一个女婴，那就是伊丽莎白·帕克·卡斯蒂斯·劳（Elizabeth Parke Custis Law）。就像他们迅速而热烈的求爱和婚姻一样，他们的结合给弗农山庄带来了突如其来的巨变。在婚姻中，伊丽莎·劳从她已故的祖父丹尼尔·卡斯蒂斯那里继承了一部分遗产，包括大量的奴隶。伊丽莎的婚姻和一个婴儿的出生加快了费拉德尔菲亚离开弗农山庄的时间。现存的记录没有提到她的确切出发日期，但是根据华盛顿的记录，最晚到 1797 年 4 月费拉德尔菲亚仍然在弗农山庄纺纱。[2] 在那之后的某个时候，费拉德尔菲亚将会和乔治城的劳一家一起生活。

当联邦国会决定在波多马克河沿岸地区修建新首都时，该地区已有两个建立起来的城镇，亚历山大和乔治城。亚历山大位于哥伦比亚特区的南端，被认为是一个漂亮的弗吉尼亚式小镇，拥有漂亮的房子和不断增长的人口，而乔治城则被岩石溪与联邦城隔开，被认为是更偏远的地方。据统计，到 1800 年乔治城有接近 2000 名黑人居民，其中绝大多数是奴隶。[3]

费拉德尔菲亚和奥娜都见证了黑人获得自由的缓慢过程。然而奥娜·斯坦斯的经历更引人注目，因为在她逃亡的时候，她所在的北部城市的奴隶制已经濒临灭绝。当费拉德尔菲亚来到乔治城时，她一定很快就注意到那些为数不多但日益增长的自由黑人居民。近 300 名自由黑人居住在乔治城，超过 350 人住在亚历山大。[4] 费拉德尔菲亚将会看到哥伦比亚特区自由黑人的数量稳步增长，但奴隶人口也同样如此。奴隶制和自由在 19 世纪前 20 年的哥伦比亚特区互相角逐，到 19 世纪 30 年代奴隶制失去了影响力。[5]

就像奥娜·斯坦斯发现找一个丈夫缔结婚姻和陪伴的重要性一样，费拉德尔菲亚也是如此。这两个女人都选择了自由黑人作为配偶，这一决定将帮助她们抓住自由。虽然日期不确定，但费拉德尔菲亚最终嫁给了一位叫威廉·科斯汀（William Costin）的人，许多人认为他是玛莎·华盛顿富有传奇性的混血妹妹安·丹德里奇（Ann Dandridge）的儿子。有人认为，丹德里奇是玛莎·华盛顿的父亲和一个女奴的后代。有几段口述历史和记录表明，丹德里奇最终生下了一个儿子，名叫威廉，他的父亲是玛莎·华盛顿的儿子杰克·卡斯蒂斯。如果这些描述和现存的家谱正确的话，威廉·科斯汀就是第一夫人的侄子和孙子。[6] 不管科斯汀的血统如何，他都被认为是自由人，从未出现在弗农山庄的奴隶清单中。利用他作为自由黑人所拥有的有限权力，科斯汀最终从弗吉尼亚搬到了新的联邦城。随着时间的推移，科斯汀会用他的钱和人脉关系来确保其家人和朋友的自由。

随着有关奴隶制的法律在弗吉尼亚和马里兰变得越来越严格，自由黑人从这些州逃出来，跑到首都。当白人居民读到有关海地血腥奴隶起义的消息时，奴隶反抗深深印在了很多人心中。当他们得知一位被奴役的铁匠加布里埃尔（Gabriel）的失败起义时，弗吉尼亚人战战兢兢。普洛赛庄园的奴隶计划袭击里士满的国会广场，挟持州长为人质，并为黑人自由进行谈判。[7] 在弗吉尼亚，黑人自由变得更加难以保障和难以维持，这可能是威廉·科斯汀移民到联邦城的原因之一。抑或是费拉德尔菲亚在乔治城的出现，促使年轻的科斯汀跟随他的内心，重新安家。他在弗农山庄的那所房子尚未建成，因此，在一个新城市里开始新的生活肯定是个受欢迎的选择。

玛莎·华盛顿于 1802 年 5 月 22 日去世，当她的家人、朋友和公众都为她的去世而哀悼时，弗农山庄的嫁妆奴隶们很可能被恐惧所吞噬。清算的日子终于到来了。玛莎·华盛顿的遗嘱将强制把所有的奴隶分配给她的孙辈们，这一计划将造成奴隶家庭的分裂。

在他们的祖母去世的时候，卡斯蒂斯家族的孙子孙女们都已长大，除了乔治·华盛顿·卡斯蒂斯（沃什），他们都结婚了。华盛顿夫妇保护了近半个世纪的遗产将被转移，财产的分割包括男奴和女奴，他们将会增加卡斯蒂斯孙辈们的财富。伊丽莎·劳继承了 43 名奴隶，包括费拉德尔菲亚，她价值 80 英镑。[8] 伊丽莎·劳的妹妹也继承了数量巨大的奴隶；玛莎·卡斯蒂斯·皮特（Martha Custis Peter）得到了 48 名奴隶，奈利·卡斯蒂斯·刘易斯（Nelly Custis Lewis）得到了 33 名奴隶。[9]

乔治·华盛顿·卡斯蒂斯是玛莎·华盛顿唯一的孙子，他得到了 36 名奴隶，其中有一名叫埃利什，他是玛莎·华盛顿的奴隶中唯一一位不属于卡斯蒂斯财产的奴隶。一些被遗赠给乔治·华盛顿·卡斯蒂斯的奴隶是以家庭为单位来分配的。一位叫卡洛琳（Caroline）的女奴和她的四个女儿瑞秋（Rachel）、杰迈玛（Jemima）、莱恩特（Leanthe）和波莉（Polly）设法避免了骨肉分离，一起开始了她们的新任务。费拉德尔菲亚的嫂子夏洛特，曾与已故的奥斯丁结婚，设法让自己的儿子比利（Billy）和蒂姆（Tim）以及女儿埃尔维（Elvey）和伊丽莎（Eliza）陪伴在她身边。贝蒂·戴维斯也很幸运，因为她一直把她的核心家庭聚在一起。1797 年，戴维斯生下了第三个女儿，名叫露辛达（Lucinda），露辛达和她的母亲以及两个姐姐一起等待关于她们未来的消息。贝蒂·戴维斯的妹妹费拉德尔菲亚被分配给伊丽莎·劳，另一个妹妹（奥娜·斯坦斯）仍然在逃，戴维斯拼命地守住她的女儿们。贝蒂·戴维斯、南希、奥娜和露辛达都被转移到乔治·华盛顿·卡斯蒂斯的庄园里，最终住在他位于阿灵顿的家中。奴隶清单上列着戴维斯的价值是 60 英镑，南希是 50 英镑，奥娜是 35 英镑，露辛达是 20 英镑。[10]

　　这位女主人的去世结束了弗农山庄将近五十年的传统。那些对未来深深不确定的感情触动了所有与华盛顿庄园有关的人；然而，对于伊丽莎·劳来说，还有其他问题困扰着她。除了失去祖母外，劳夫人还注意到她婚姻的恶化，这段关系一直在不断恶化。在过去八年的时间里，那些促成一段婚姻的旋风般的浪漫早已破灭了。家庭成员和朋友们对劳婚姻的终结发表了评论，认为这两个当事人都有责任，造成了一系列的婚姻问题。在玛莎·华盛顿尚在的最后几年，这对夫妇为了避免造成家庭女主人的痛苦和担忧，压抑了自己的不快。但在玛莎·华盛顿去世后，托马斯·劳前往欧洲，他回国后不久，这对夫妇决定分居。1804 年 8 月 9 日，托马斯和伊丽莎依

法达成了分居协议，托马斯·劳为分居的妻子提供了不动产和每年
1500 美元的抚养费。[11] 伊丽莎·劳离开了哥伦比亚特区，前往马里
兰州，在那里她和她的婶婶叔叔一起度过了一段很长的时间。罗莎
莉·斯蒂尔·卡尔弗特（Rosalie Stier Calvert）是伊丽莎的婶婶，她
把托马斯和伊丽莎婚姻的失败责任归咎于他们两人，她写道，"看到
两个有孩子的人无缘无故地分开是件令人伤心的事。你知道这个奇
怪的人（托马斯·劳）一直是什么样子。伊丽莎的性格与他完全相
反，她没有足够的理智来忍受他的怪癖。结果是他们都有错，通常
是这样的……"[12]

正如伊丽莎和托马斯·劳的婚姻改变了奥娜和费拉德尔菲亚两
人的生活，他们的最终离婚也一样改变了她们的生活。劳夫妇在近
六年的时间里彼此疏远，托马斯·劳最终在 1810 年提出了离婚申请
书。托马斯·劳获得了他们年幼的女儿伊丽莎的监护权，她最终将
在费城上寄宿学校，但所有为劳一家服务的被束缚的劳动者的命运
我们并不清楚。当伊丽莎·劳重新改回她的姓氏卡斯蒂斯时，她开
始了一段流浪生活。她在亚历山大市买了一栋小房子，将其命名为
"华盛顿山"，并于 1805 年至 1809 年居住在那里。[13] 在劳夫妇合法
分居的某一时间，伊丽莎·卡斯提斯许可她分居的丈夫释放一些奴
隶。1807 年 6 月 13 日，托马斯·劳给予费拉德尔菲亚自由，以一美
元的价格签署了她的释放文件。[14]

他之所以解放她，可能是因为对奴隶劳工的维护和税收加剧
了他的拮据。此外，和华盛顿一样，劳也改变了对奴隶制的看法。

当然，劳并不是坚决的废奴主义者，与伊丽莎·卡斯蒂斯结婚时，他与奴隶一起生活并从中获利。但是，托马斯·劳不再相信奴隶劳动，在他离婚后，他相信应该逐渐废除奴隶制并最终实现黑人再安置。[15]

我们知道，在费拉德尔菲亚被释放的时候，她已接近二十八岁，已经嫁给了威廉·科斯汀。鉴于他们的孩子会继承费拉德尔菲亚的奴隶身份沦为奴隶，这对夫妇没有等待自由到来后才开始组建他们的家庭，这是一个危险的决定。托马斯·劳不仅释放了费拉德尔菲亚·科斯汀，还释放了她的两个孩子，两岁的路易莎（Louisa）和四个月大的安（Ann）。同年，托马斯·劳还释放了科斯汀家族的其他成员，其中大部分是妇女和儿童。在那些被释放的人当中，有威廉·科斯汀的母亲安·丹德里奇，她已经再婚并获取了霍姆斯这个姓氏。[16]科斯汀一家利用他们的自由身份，成为华盛顿特区自由黑人社区中的知名人士。他们扩大了自己的家庭，购买了地产，并帮助那些绝望地试图脱离奴隶制的男奴和女奴。[17]

虽然被释放了，但费拉德尔菲亚·科斯汀明白她的自由身份是多么的脆弱。奴隶制还将在哥伦比亚特区继续存在五十多年，只要它还存在，费拉德尔菲亚·科斯汀就永远不能毫无顾虑地休息。奴隶拐子在联邦城的街道上进行调查，给那些拥有自由文件的男人和女人带来恐惧和威胁，这些文件对肆无忌惮的奴隶捕手而言毫无意义。这位前奴隶需要保持警惕，不让她的家人刚得到的解放机会降低她的警惕。

　　费拉德尔菲亚的被释放并不令人惊讶，而且很可能是由于她的丈夫和玛莎·华盛顿的孙子们之间的血缘关系。威廉·科斯汀是华盛顿特区早期黑人社区的重要人物之一，在他的一生中积累了大量财富和资产。他在长达 25 年的时间里一直担任华盛顿银行的门卫，他的自由身份和经济独立使他能够呼吁自由黑人的权利，并帮助那些仍被奴役的人。伊丽莎·劳信任威廉·科斯汀，让他为她驾驶马车，甚至有时向他寻求经济上的帮助。只要可以科斯汀都会答应，这反过来又帮助他保护了自己家人的自由。[18]

　　科斯汀一定是一位有魅力的人，但是当他自身的魅力也无法帮他完成任务时，他就会表现出一种不可忽视的魄力。当华盛顿特区的黑人法典越来越严格的时候，科斯汀起诉了这个城市。黑人法典要求每一位自由黑人在市长面前出示由三个不同的白人公民签署的文件，证明他们具有良好的品格。但是，对于市长来说，白人的证明文件是不够的，因此还强制推行了 20 美元的和平债券，要求自由黑人提前付款作为对其良好品行的承诺。[19]虽然法官认为科斯汀应该被免除这项新要求，但法律仍然完好无损。对科斯汀个人免税绝不是所有自由黑人的胜利。

　　当科斯汀无法对抗法律并取得胜利的时候，他只能借助法律来帮助他。为了帮助朋友和家人找到通往自由的道路，科斯汀不得不玩这个游戏：他成了奴隶主。在整个 19 世纪 20 年代，威廉·科斯汀购买并解放了一些奴隶，其中许多人与弗农山庄有直接的联系。卡洛琳的女儿、28 岁的利恩斯·布朗宁（Leanthe Brannin）是科斯汀道德准则的受益者之一。她也曾在弗农山庄当过奴隶，但到了1820 年，科斯汀从乔治·华盛顿·卡斯蒂斯手里买下了她，然后给了她一个机会，让她以 5 美元的价格买下自己的自由。[20]

　　也许是因为卡斯蒂斯参与了殖民化运动，这使得他更愿意解放布朗宁。更有可能的是，卡斯蒂斯和科斯汀之间的互惠关系可以达成某些交易。科斯汀在华盛顿银行的工作和他企业家的精神，使他与卡斯蒂斯的继承人打交道时处于有利的地位。有时，华盛顿的孙辈们会写信给科斯汀，请求他帮忙，靠他的马车生意进行运输。但比马车生意更重要的是科斯汀在银行的职位，在必要时他可以借钱给华盛顿的孙子。[21]威廉·科斯汀（通常被称为比利）和卡斯蒂斯的继承人之间的融洽关系使他处于变革推动者的最佳位置。他利用这种关系来购买他的家人和朋友。

　　在威廉·科斯汀慢慢带领他的家人和朋友摆脱奴隶制的时候，奥娜·斯坦斯仍在格陵兰的隐居中贫困潦倒。如果她知道她的妹妹费拉德尔菲亚作为一个自由女人过着美好的生活，这会给她的内心带来平静，给她作为逃奴的艰难生活带来短暂的慰藉。如果她知道她的一些老朋友已经成功地摆脱了奴役，那么她的痛苦可能就会减轻，因为她失去了丈夫且极度贫困。当然，如果她知道她同名的侄女奥娜·福琼（Oney Fortune）是威廉·科斯汀购买并解放的幸运的家庭成员之一，她会为这个消息感到高兴。[22]如果她知道了所有这些信息，可能会抹掉她唯一的懊悔，唯一的遗憾，她最终将带着这些遗憾走向坟墓。她远离了她在弗农山庄的家人，抓住了一个合适的时机；她再也没有回头。要知道她的家人最终会作为自由黑人走向成功，可以证明她逃跑的选择是正确的。

　　她的生活很艰难，但对于 52 岁的奥娜·斯坦斯来说，她从未对自己丧失信心。每天当她睁开眼睛，她都知道有一件事是正确的：那就是她"宁愿死"也不愿再回到奴隶制度中去。[23]

致　谢

学者们总是在致谢的末尾感谢他们的家人或"他们的学术圈子"，但我很想打破这个传统。历史学家写书需要很长时间，我的家人多年来一直支持我。我把这本书献给两个人：我的母亲弗朗西斯·阿姆斯特朗（Frances C. Armstrong）和我的丈夫杰弗里·邓巴（Jeffrey K. Dunbar）。我的母亲是第一位阅读我手稿的人，她读了很多遍。她提出一些好问题，并帮助我思考：当一个"普通的"读者拿起这本书时，他们会期待读到什么。她的建议是非常宝贵的。我的丈夫是一位非常支持我的伙伴。杰弗里不仅在我访学期间和缩在办公室的时候收拾烂摊子，而且他还是一位历史学家，像我一样对奥娜·斯坦斯着迷。他的耐心和对我工作的自豪帮助我完成了这本书。

我的儿子克里斯蒂安·邓巴（Christian A. Dunbar）伴随着奥娜·斯坦斯的故事长大。谢谢你和她分享你的时间，也感谢你对非裔美国人历史的尊重。我的父亲雅各布·阿姆斯特朗（Jacob R. Armstrong）、我的妹妹妮可·阿姆斯特朗（Nicole E. Armstrong）以

193

及我的侄女莉娅·阿姆斯特朗（Leah G. Armstrong）都以各种方式支持我，提醒我家庭的重要性。感谢我的"自选家庭"（chosen family），雷蒙德（Raymond）、特蕾西（Tracey）、安布尔（Amber）、克里斯汀（Christian）和克里斯托弗·约翰逊（Christopher Johnson），在最需要的时候，他们爱着我和我的家人。我特别感谢特蕾西一直在那里帮助我照顾我的儿子。你给了我内心的平静，这是所有作者必需的东西。

多谢我的朋友们继续接纳我和爱我，马乔里·德拉克鲁兹（Marjorie DeLaCruz）、丽莎·蓝哈特（Lisa Langhart）、瑞亚·威廉姆斯（Rhea Williams）、杰西卡·巴（Jessica Davis Ba）、罗宾·沃特金斯（Robin Watkins）、达娜·巴克斯特（Dana Baxter）、道恩·伍德豪斯（Dawn Baxter Woodhouse）、尼谢尔·布西（Nichelle Bussey）、克里斯汀·辛格尔顿（Christine Bussey Singleton）、达娜·奥斯丁（Dana Thomas Austin）、科沙·哈里斯（Kysha Harris）、玛丽亚·辛德勒（Maria Schindler）和塔拉·威廉姆斯（Tara Williams），谢谢你们带给我的力量、风趣和回忆。

感谢我同领域的学者们继续做这项工作——加布里埃尔·福尔曼（Gabrielle Foreman）、蒂芙尼·吉尔（Tiffany Gill）、卡罗尔·亨德森（Carole Henderson）、卡罗尔·路迪塞尔（Carol Rudisell）、戴依娜·贝里（Daina Ramey Berry）、杰西卡·米尔沃德（Jessica Millward）、克里斯托·菲姆斯特（Crystal Feimster）、克里斯托·阿皮亚(Krystal Appiah)、杰西卡·约翰逊(Jessica Johnson)、法拉·格

里芬（Farah Griffin）、卡莉·格罗斯（Kali Gross）、阿姆瑞卡·迈耶斯（Amrita Chakrabarti Meyers）、芭芭拉·克劳斯玛（Barbara Krauthamer）、玛莎·琼斯（Martha Jones）、莱斯利·哈里斯（Leslie Harris）和芭芭拉·萨维奇（Barbara Savage）——你们的工作和对这一领域的奉献使学术圈成为一个更好的地方。

我还受益于一些学者和朋友的仔细阅读、评论和支持。对他们我深表感谢。他们是伊芙琳·希金波坦（Evelyn Brooks Higginbotham）、詹妮弗·摩根（Jennifer Morgan）、芭芭拉·萨维奇、莱斯利·哈里斯、米娅·贝（Mia Bey）、达吉斯·哈里斯（Duchess Harris）、克里斯托·阿皮亚、安妮特·戈登·里德(Annette Gordon Reed)、埃里克·方纳（Eric Foner）、苏珊·斯特拉瑟（Susan Strasser）、沃尼亚伯里·马洛巴(Wunyabari Maloba)、埃弗里·罗姆(Avery Rome)和詹妮弗·托尔派（Jennifer Torpie）。

在我写这本书的时候，有许多机构提供了帮助。我要感谢弗农山庄乔治·华盛顿研究中心弗雷德·史密斯图书馆的工作人员。道格拉斯·布拉德伯恩（Douglas Bradburn）热情款待了我，玛丽·汤普森也分享了她有关弗农山庄奴隶的大量知识。都铎大厦（Tudor Place）的档案管理员温蒂·凯尔（Wendy Kail）提供了很多有用的信息，新罕布什尔州历史协会和宾州历史协会的工作人员总是很友好，乐于助人。我很幸运能在费城图书馆公司和一群优秀的人工作。我的"合作伙伴"克里斯托·阿皮亚让指导非裔美国人历史项目成为一种乐趣。我很享受和学者里奇·纽曼（Rich Newman）一起工作，我还要特别感谢尼科尔·约尼克（Nicole Joniec），她帮助我解决了《逃离总统府》一书的外观设计。如果不感谢我的研究生同学迈克尔·迪金森（Michael Dickinson）在这本书的制作过程中一些重要时刻的帮助，我会很遗憾。我已经等不及你和我在另一个领域进行合作。

维奇·艾弗里（Vicky Avery）做了很少人能做到的事情，那就是，她接起了一位陌生人的电话，并提供了善意和帮助。在我去新罕布什尔州研究期间，曾多次拜访维奇，每次她都很好心地给我指出正确的方向。最令人难忘的是我们徒步穿越森林（和毒藤）去参观贾奇的最后安息之地。

2014 年 11 月寒冷的一天，我坐在儿子足球比赛的看台上瑟瑟发抖。我很痛苦，但很快就忘记了我的不满，因为我和作家凯西·德马科·范·克里夫（Kathy DeMarco Van Cleve）开始了一段愉快的谈话。当我们一起观看足球比赛时，她问我在写什么，我告诉她是关于奥娜·贾奇的故事。她马上说，"你应该和我的经纪人谈谈"。这是我收到的最好的建议之一。凯西不仅是我的指南针，而且她还阅读了我的手稿，提供了批判性的看法和深思熟虑的评论。谢谢你的友善、鼓励以及把我介绍给劳拉·达尔（Laura Dail）。

我告诉所有人我知道"我的经纪人是个野蛮人"……但是在最好的方面。劳拉·达尔是一个行动迅速、大胆、非常精明和自律的人。她既是一位编辑，又是一位经纪人，我感谢她对我和奥娜·斯坦斯这本书的照顾。她带我去见我的编辑道恩·戴维斯（Dawn

Davis）以及西蒙－舒斯特和阿特里亚团队。

　　我从道恩那里学到很多东西，比在我人生的这个阶段所能想到的还要多。道恩·戴维斯相信我，也相信奥娜的故事，她的耐心和严肃的编辑工作帮助我重新思考我写作和展示历史的方式。我第一次坐在她的办公室里，我就知道她是我要找的那个人。道恩聪明、尖锐、直率，她就是一股能量，我感谢她帮助我向世人分享奥娜·斯坦斯的故事。这是黑人女性历史的一次集体胜利。

注 释

前 言

[1] 我引用了纳什和索德伦德的作品 *Freedom by Degrees* 以及纳什的 *Forging Freedom*, 143。人口普查记录显示，到 1800 年，费城有 6436 名黑人。这个数字在短短 10 年内增至 3 倍多。

[2] Lawler, "The President's House in Philadelphia: The Rediscovery of a Lost Landmark," 5–95. 也可参见 Nash, The Forgotten Fifth: African Americans in *the Age of Revolution,* 61。

[3] "第一夫人" 一词直到 19 世纪中期才被使用，然而，我在这本书中用它来称呼玛莎·华盛顿。

[4] 学者们揭示了一些逃奴的生活证据，例如哈里·华盛顿，他在美国独立战争期间靠为英军服务而摆脱了奴隶制。参见 Cassandra Pybus, *Epic Journeys of Freedom: Runaway Slaves of the American Revolution and Their Global Quest for Liberty* (New York: Beacon Press, 2006) 以及 Egerton, *Death or Liberty: African Americans and Revolutionary America*。

第一章

[1] Theodore J. Crackel, *The Papers of George Washington Digital Edition* (University of Virginia Press, Rotunda, 2008). 获取时间：June 7, 2014, http://rotunda.upress. virginia.edu/founders/GEWN-01-03-02-0003-0013-0011; 原始来源：Diaries (11 March 1748–13 December 1799), vol. 3 (1 January 1771–5 November 1781)。

[2] Crackel, *The Papers of George Washington Digital Edition.* 获取时间：June 9, 2014, http://rotunda.upress.virginia. edu/founders/GEWN-02-09-02-0185; 原始来源：Colonial Series (7 July 1748–15 June 1775), vol. 9 (8 January 1772–18 March 1774)。

[3] 更多关于玛莎·丹德里奇·卡斯蒂斯的早年生活，参见 Joseph E. Fields, *"Worthy Partner": The Papers of Martha Washington* (Westport, CT: Greenwood Press, 1994), xx。

[4] Crackel, *The Papers of George Washington Digital Edition.* 获取时间：June 9, 2014, http:// rotunda.upress.virginia.edu/founders/GEWN-02-09-02-0185; 原始来源：Colonial Series (7 July 1748–15 June 1775), vol. 9 (8 January 1772–18 March 1774)。

[5] 参见"Complete Inventory of the Estate of Daniel Parke Custis" and "Account of Land and Acreage" in Fields, *"Worthy Partner",* 61–76。

[6] 参见 "List of Artisans and Household Slaves in the Estate c. 1759", Crackel, *The Papers of George Washington Digital Edition*。获取时间：April 26, 2014, http://rotunda.upress.virginia.edu/founders/GEWN-02-06-02-0164-0025; 原始来源： Colonial Series (7 July 1748–15 June 1775), vol. 6 (4 September 1758–26 December 1760)。该文件对贝蒂的出生日期仍不确定；然而，它列出贝蒂是一位 21 岁的嫁妆奴隶和裁缝。

[7] 围绕早期美国的强奸和性权力，许多学者写出了很多著作。Sharon Block, *Rape and Sexual Power in Early America,* Jennifer Morgan, *Laboring Women: Reproduction and Gender in New World Slavery* (Philadelphia: University of Pennsylvania Press, 2004), 以及 Clare Lyons, *Sex among the Rabble* 都是非常有用的著作。

[8] 参见 Houston Baker, *Long Black Song: Essays in Black American Literature and Culture* (Charlottesville: University of Virginia Press, 1990), 70。卡斯蒂斯地产的奴隶清单中，没有登记贝蒂还有其他的孩子。如果到 1759 年贝蒂除了奥斯汀之外还有其他的孩子，他们不是死了就是被卖掉了。

[9] Fields, "Worthy Partner", 61.

[10] 我多年来的研究要感谢弗雷德·史密斯国家图书馆研究乔治·华盛顿

的历史学家玛丽·汤普森。汤普森对庄园的记录研究了几十年，在我完成这本书的时候，她不吝惜她的时间和研究成果帮助我。我对奥娜·贾奇的家族纽带的分析与汤普森的想法是一致的。我还要感谢图书馆的数字人文项目经理莫利·科尔（Molly Kerr），当我们在研究这名奴隶的血统遇到困难时，她花了那么多时间和心思来帮忙。我相信托马斯·戴维斯，这位在弗农山庄工作的白人纺织工，至少是贝蒂两个孩子的父亲。他们的纺织技术可以使奴隶和仆人直接接触彼此。我们几乎不可能知道贝蒂孩子的确切出生日期，因为华盛顿没有为他所有的奴隶保存这一重要的数据。现存华盛顿的奴隶资产清单有两份：一份是 1786 年的，另一份是 1799 年的。1786 年的资产清单中列出了贝蒂孩子的大概年龄，1799 年的资产清单中也做了同样的记录。

[11] 参见 Julie Matthaei, *An Economic History of Women in America,* 43–63; 也可参见 Laurel Thatcher Ulrich, *A Midwife's Tale* and *The Age of Homespun,* 75-174。

[12] 我们不知道奥娜·玛丽亚·贾奇出生的确切月份。只知道她大约生于 1773—1774 年。

[13] "Oney" 是 "Ona" 的小名，这个绰号在乔治·华盛顿的信件、总账和奴隶清单中随处可见。在她晚年接受废奴主义报纸的采访中，她称自己为奥娜·玛丽亚·贾奇或奥娜·斯坦斯。我选择使用她给自己起的名字，而不是那些经常出现在财产记录和二手著作中的小名。

[14] George Washington Papers, Library of Congress, 1741–1799, ser. 4. General Correspondence, 1697–1799, Andrew Judge and Alexander Coldclough, 8 July 1772, Printed Indenture.

[15] 参见 David W. Galenson, "The Rise and Fall of Indentured Servitude in the Americas: An Economic Analysis", *Journal of Economic History* 44, no. 1 (March 1984): 1–26。

[16] Lund Washington's Mount Vernon Account Book, 1772–1786, f. 32, ViMtvL, http:// founders.archives.gov/documents/Washington/02-10-02-0113. 根据伦德·华盛顿的说法，1774 年 11 月，贾奇为乔治·华盛顿缝制了"一套军服"。

[17] 除了安德鲁·贾奇，没有其他姓氏相同的人住在弗农山庄或附近地区。安德鲁·贾奇 1772 年到达弗农山庄，奥娜·贾奇生于 1773 年至 1774 年间，这是两人有联系的最有力的证据。关于奥娜·贾奇的描述也证明她是肤色较浅、头发浓密的混血儿。

[18] "Heads of Families, Virginia", *Heads of Families at the First Census of the United States Taken in the Year 1790: Records of the State Enumerations, 1782 to 1785: Virginia* (Washington: BPO, 1908). 安德鲁·贾奇居住的房子要么是直接购买的，要么是租来的。

[19] 虽然有人说费拉德尔菲亚也是安德鲁·贾奇的女儿，但我还是没能查到任何把费拉德尔菲亚称为"费拉德尔菲亚·贾奇"的奴隶清单或记录。费拉德尔菲亚的释放文件和讣告中都没有提到她的姓是"贾奇"。弗雷德·史密斯国家图书馆乔治·华盛顿研究中心有一些来自费拉德尔菲亚后裔的家书将她称为"费拉德尔菲亚·贾奇"，我还没有发现其他的地方这样称呼她。有关华盛顿 1786 年和 1799 年蓄奴的完整清单，请参阅"[Diary entry: 18 February 1786]", Founders Online, National Archives (http://founders. archives.gov/documents/Washington/01-04-02-0003-0002-0018 [last update: 2015-03-20])。来源：Donald Jackson and Dorothy Twohig, eds., *The Diaries of George Washington,* vol. 4, *1784-30 June 1786* (Charlottesville: University Press of Virginia, 1978), 276–283; "Washington's Slave List, June 1799", Founders Online, National Archives (http://founders.archives.gov/documents/ Washington/06-04-02-0405 [最近更新：2015-03-20])。来源：W. W. Abbot, ed., *The Papers of George Washington,* Retirement Series, vol. 4, *April–December 1799* (Charlottesville: University Press of Virginia, 1999), 527–542。

[20] Evelyn Gerson 的硕士论文 "A Thirst for Complete Freedom: Why Fugitive Slave Ona Judge Staines Never Returned to Her Master, President George Washington" (Cambridge: Harvard University, 2000), 这篇文章提到，"奥娜"这个名字来源于三种非洲部落语言。参见 Newbell Niles Puckett and Murray Heller, *Black Names in America: Origins and Usage* (Boston: G.K. Hall 1975), 429–430。该书表明，虽然奥娜这个名字起源

于非洲语，但白人妇女却经常使用它。19 世纪的档案显示男性和女性都可以被叫作奥娜。

[21] 这些家庭"营房或住所"最终在 18 世纪 90 年代被拆除。到 18 世纪 90 年代初，直到乔治·华盛顿去世，主屋里的大多数奴隶都住在玻璃暖房两侧的建筑里。一些奴隶住在厨房上面的房间和单独的小木屋里。

[22] 更多关于儿童和奴隶制的研究，参见 Marie Jenkins Schwartz, *Born in Bondage: Growing Up Enslaved in the Antebellum South* (Cambridge: Harvard University Press, 2009)。虽然这本书关注的是 19 世纪的儿童和奴役，但它对了解 18 世纪末生活在弗吉尼亚的奥娜·贾奇的生活有着极大的帮助。该书第三章的标题为"奴隶营房中的孩子"，对被奴役儿童所面临的生活挑战提供了细致入微的解释。

第二章

[1] 参见 Gordon Wood, *Revolutionary Characters: What Made the Founders Different* (New York: Penguin, 2006), 46–47。

[2] Letter from John Langdon to George Washington, 6 April 1789, Manuscript, George Washington Papers, Manuscript Division, Library of Congress [Digital ID#us0071].

[3] Letter to Richard Conway, 4 March 1789, *The Papers of George Washington,* Presidential Series, vol. 1 (Charlottesville: University Press of Virginia, 1987), 361–362.

[4] 就像之前提到的，奥娜·贾奇没有出生记录，我们只能推测她的大概年龄。华盛顿一家搬到纽约时，她大概只有十五六岁。

[5] Gerson, "A Thirst for Complete Freedom", 53.

[6] "[Diary entry: 16 April 1789]", Founders Online, National Archives (http://founders.archives.gov/documents/ Washington/01-05-02-0005-0001-0001 [最近更新：2015-12-30])。来源：Donald Jackson and Dorothy Twohig, eds., *The Diaries of George Washington,* vol. 5, *July 1786–December 1789*

(Charlottesville: University Press of Virginia, 1979), 445–447。

[7]　Ibid.

[8]　Kaminski and McCaughn, *A Great and Good Man,* 104.

[9]　George Washington to George Clinton, 25 March 1789. *The Papers of George Washington Digital Edition.*

[10]　Ibid.

[11]　Chernow, *Washington: A Life,* 564.

[12]　White, *Somewhat More Independent,* 4. 1790 年的人口普查显示，有 31229 人生活在纽约市。

[13]　Ibid. 想要了解更多关于美国早期纽约的种族、奴隶制和自由的信息，参见：Leslie Harris, *In the Shadow of Slavery* 和 Graham Russell Hodges, *Root & Branch*。

[14]　玛莎·华盛顿给少数家人和朋友写信，描述了她对搬到纽约的不满，以及对弗农山庄的思念。参见 Martha Washington, "Letter, Martha Washington to Mercy Otis Warren, December 26, 1789"; 以及 Martha Washington, Item #25, 获取时间：July 29, 2014, http:// www. marthawashington.us/items/show/25; 以及 "Letter, Martha Washington Fanny Bassett Washington, October 23, 1789", Martha Washington, Item #13, 获取时间：July 29, 2014, http://marthawashington. us/items/ show/13。

[15]　Tobias Lear to George Augustine Washington, 3 May 1789, George Washington Manuscript Collection, Book, Manuscript, and Special Collections Library, Duke University.

[16]　Ibid.

[17]　Robert Lewis, "Journal of a Journey from Fredericksburg, Virginia to New York, May 13–20, 1789", Digital Collections from George Washington's Mount Vernon, http://cdm16829.contentdm.oclc.org/cdm/compoundobject/ collection/p16829coll14/id/45/rec/2.

[18]　Ibid.

[19]　夏洛特是弗农山庄的女裁缝，嫁给了奥斯丁。他们至少有五个孩子：比

利（Billy）、蒂姆（Tim）、埃尔维（Elvey）、珍妮（Jenny）和伊丽莎（Eliza）。

[20] 参见 Harris, *In the Shadow of Slavery,* 70–71 和 Joanne Pope Melish, *Disowning Slavery,* 64–72。

[21] 参见 Harris, *In the Shadow of Slavery,* chapters 3–4。

[22] 华盛顿以 61 英镑的价格从玛丽·李（Mary Lee）手中买下了"混血的威尔"，这个十几岁的男孩。

[23] 参见 Douglas R. Egerton, *Death or Liberty African Americans and Revolutionary America* (New York: Oxford University Press, 2009), 4–5。

[24] Ibid., 5.

[25] Ibid., 7.

[26] Egerton, *Death or Liberty,* 7–8.

[27] Ibid.

[28] Edgar J. McManus, *Black Bondage in the North* (Syracuse: Syracuse University Press, 1973), 17.

[29] Decatur and Lear, *Private Affairs of George Washington,* 169. 这一具体的要求发生在 1790 年 11 月。

[30] Martha Washington, Martha Washington to Frances B. Washington, 8 June 1789, Gilder Lehrman Institute of American History, http://www.gilderlehrman.org/collections/treasures-from-the-collection/martha-washington-first-lady's-grandchildren-were-her-top.

[31] Nash and Soderlund, *Freedom by Degrees,* 18. 1790 年的人口普查、税赋评估表、释奴清单和警察报税表统计了费城（包括南华克区和北方自由区）的总人口为 44096 人，其中 301 人是奴隶，1849 人是自由黑人。

[32] *Description of a Slave Ship* (London), 1789, Rare Books and Special Collections, Princeton University Library, https://blogs.princeton.edu/rarebooks/2008/05/219-yearsago-description-of-a/.

[33] 更多关于本杰明·富兰克林对奴隶制的看法，参见 David Waldstreicher, *Runaway America*。

[34] 美国宇航局关于 1789 年 5 月 24 日日食的介绍。尽管有传言说班纳克在

1789 年 4 月预测了日食，但美国宇航局报告说日食发生在 1798 年 5 月
24 日，而且只在巴布亚、新几内亚周围地区可以看到。

[35]　Martha Washington to Frances B. Washington, 8 June 1789.

第三章

[1]　参见 Graham Russel Hodges, *Root & Branch,* 166, 摘自 New York City
Manumission Society Reports, 1785–1795, *New York Manumission Society
Papers,* New York Historical Society, 以及 *People v. Lawrence Embree*
(November 5, 1789), New York City Mayor's Court Records, 1789–1790,
New York Public Library。

[2]　参见 Harris, *In the Shadow of Slavery,* 49, 以及 Christine Pawley, *Reading
Places: Literacy, Democracy, and the Public Library in Cold War America*
(Amherst: University of Massachusetts Press, 2010), 49。又见 Elizabeth
McHenry, *Forgotten Readers,* 31–32。

[3]　"Examination Days: The New York African Free School Collection", New
York Historical Society, 获取时间：April 20, 2015, https://www.nyhistory.
org/web/africanfreeschool/#。

[4]　Alexander, *African or American?,* 9–11.

[5]　Ibid., 9.

[6]　Chernow, *Washington: A Life,* 572.

[7]　有关 18 世纪末和 19 世纪初女性服装和时尚的更多信息，请参见 Catherine
Kelly, *In the New England Fashion*。

[8]　Martha Washington to Frances B. Washington, 8 June 1789.

[9]　Ibid.

[10]　有关更多华盛顿在纽约的居住条件的信息，参见 Donald Jackson and
Dorothy Twohig, *The Diaries of George Washington,* vol. 6, January
1790–December 1799(Charlottesville: University of Virginia Press, 1976),
26。

[11] Chernow, *Washington: A Life,* 583.

[12] Thane, *Mount Vernon Family,* 63; Ribblett, *Nelly Custis,* 17–18.

[13] Lossing, *Martha Washington,* 22.

[14] Chernow, *Washington: A Life,* 576. 有关原始档案，参见："From George Washington to David Stuart, 26 July 1789", Founders Online, National Archives (http://founders. archives.gov/?q=george%20washington%20 to%20david%20stuart&s=1111311111&sa=&r=190&sr=, ver. 2014-05-09)。

[15] Chernow, Washington: *A Life,* 577–578.

[16] Brady, *Martha Washington: An American Life,* 172.

[17] White, *Somewhat More Independent,* 10.

[18] Harris, *In the Shadow of Slavery,* 48.

[19] 尽管弗农山庄的大多数居民都是非洲后裔，但弗吉尼亚的居民却以白人居多。1790 年，大约有不到 30 万的奴隶生活在那里，然而，该州总人口大约是 74.7 万。

[20] White, *Somewhat More Independent,* 4.

[21] Ibid., 6.

[22] Ibid., 12.

[23] 关于纽约非裔美国妇女的更多信息，参见 Dabel, *A Respectable Woman* 与 Alexander, *African or American?*

[24] Decatur and Lear, *Private Affairs of George Washington,* 135–136.

[25] Chernow, *Washington: A Life,* 586.

[26] Tobias Lear to Colonel Clement Biddle, 24 June 1789, in William Baker, *Washington After the Revolution 1784–1799* (Philadelphia: J. B. Lippincott Co., 1897).

[27] Henry B. Hoffman, "President Washington's Cherry Street Residence", *The New York Historical Society Quarterly Bulletin* 23 (January 1939): 90–103; Anne H. Wharton, "Washington's New York Residence in 1789", *Lippincott's Monthly Magazine* 43 (1889): 741–745.

[28] 参见 Douglas Southall Freeman, *George Washington: A Biography,* vol. 6

(New York: Charles Scribner's Sons, 1948–1957), 245。

[29] 1790 年 5 月 18 日，《纽约日报》报道，"美国总统在过去的几天里非常不舒服，但是我们很高兴已经得到确切信息，在昨晚他的身体已经恢复"。类似的报道也出现在 1790 年 5 月 19 日的《宾夕法尼亚公报》上。

第四章

[1] 有关更多联邦首都迁往费城的信息，参见 Gary Nash, *First City: Philadelphia and the Forging of Historical Memory* (Philadelphia: University of Pennsylvania Press, 2011), 123。

[2] 南希的确切出生日期不详。乔治·华盛顿在 1799 年的奴隶清单中将南希列为 9 岁，这样追溯，其出生年月大约在 1790 年前后。

[3] 1790 年弗吉尼亚的人口普查显示，该州有 12866 名自由有色人口，那时弗吉尼亚还包括西弗吉尼亚。这一数字包括印第安人、非洲人或非裔美国人在内。

[4] *The Federal Gazette,* 1 September 1790.

[5] Fergus M. Bordewich, *Washington: How Slaves, Idealists and Scoundrels Created the Nation's Capital* (New York: Amistad Books, 2008), 3–7.

[6] 参 见 Edward M. Riley, "Philadelphia, The Nation's Capital, 1790–1800", *Pennsylvania History* 20, no. 4 (October 1953): 358–359, Pennsylvania State University Press。

[7] "From George Washington to Tobias Lear, 9 September 1790", Founders Online, National Archives (http://founders.archives.gov/documents/Washington/05-06-02-0195 [最近更新：2015-03-20]). 来源：*The Papers of George Washington,* Presidential Series, vol. 6, *1 July 1790–30 November 1790*。

[8] Gerson, "A Thirst for Complete Freedom", 66.

[9] "From George Washington to Tobias Lear, 22 November 1790", Founders Online, National Archives (http:// founders.archives.gov/documents/

Washington/05-06-02-0331 [最近更新：2015-03-20]). 来源：*The Papers of George Washington,* Presidential Series, vol. 6, *1 July 1790–30 November 1790,* 682–683。

[10]　1795 年 10 月 19 日，华盛顿在通信中第一次提到了"车夫乔"。据说，他是在经过 8 天的旅行后从弗农山庄来到费城的。我们尚不清楚乔在费城待了多久，但 1799 年的弗农山庄奴隶清单上列着他和其他奴隶都住在弗农山庄。

[11]　Edward Lawler Jr., "The President's House in Philadelphia: The Rediscovery of a Lost Landmark", *The Pennsylvania Magazine of History and Biography* 126, no. 1 (January 2002): 5–95.

[12]　Ibid., 5.

[13]　塞缪尔·弗朗塞斯的种族身份尚不清楚，尽管大多数学者认为他是非洲裔。弗朗塞斯绰号"黑山姆"，是纽约有名的酒馆老板，后来他到费城为华盛顿一家当管家。虽然没有发现有关他出生的任何文件，但有人认为他来自巴巴多斯或海地。在 1790 年的人口普查中，弗朗塞斯被认定为自由的白人男性。他曾经拥有奴隶，在他的纽约住所里仍然使用着一名奴隶。有关华盛顿这位管家的更多信息，参见 Rice, *A Documentary History of Fraunces Tavern* 以及 Blockson, "Patriot, White House Steward and Restaurateur Par Excellence"。

[14]　Edward Lawler Jr., "The President's House in Philadelphia", 32.

[15]　对于改装熏制房的历史有一些争议。虽然国家公园管理局的一些人不愿承认奴隶被要求必须住在熏制房，但学者小爱德华·劳勒（Edward Lawler Jr.）提供的许多必要文件让我们相信，奴隶确实住在熏制房里。

[16]　Lawler, "The President's House in Philadelphia", 41.

[17]　John Blassingame 的开创性作品 *The Slave Community* 研究了奴隶营房作为远离奴隶主时刻警惕的目光的休息场所的重要作用。

[18]　几个世纪以来，住在弗农山庄的非裔美国人后代一直口口相传，一位名叫韦斯特·福特（West Ford）的奴隶是华盛顿的儿子。根据口头传说，福特的母亲是一位名叫维纳斯的奴隶，他的主人是华盛顿的哥哥（约翰·奥古斯丁·华盛顿），此人住在距弗农山庄 95 英里远的地方，维

纳斯与华盛顿至少发生过一次性关系，然后生了一个孩子。大多数历史学家拒绝接受这种说法，因为没有任何文字可以证明这种说法。作家、传记作家亨利·维恩塞克（Henry Wiencek）认为，华盛顿有可能是韦斯特·福特的父亲。他指出，福特最终是由总统的嫂子汉娜·布什罗德·华盛顿（Hannah Bushrod Washington）释放的。福特是唯一一位由汉娜·华盛顿自愿释放的奴隶，他还获得了与弗农山庄相邻的 160 英亩土地，这是非常难得的机会。读者想要了解更多信息，参见 Wiencek, *An Imperfect God*, 293–299。

第五章

[1]　"To George Washington from Tobias Lear, 5 April 1791", Founders Online, National Archives (http:// founders.archives.gov/documents/ Washington/05-08-02-0050, ver. 2013-08-02). 来源：*The Papers of George Washington*, Presidential Series, vol. 8, *22 March 1791–22 September 1791*, 67–68.

[2]　Ibid.

[3]　Ibid.

[4]　"From George Washington to Tobias Lear, 12 April 1791", Founders Online, National Archives (http://founders.archives.gov/documents/Washington/05-08-02-0062,ver. 2013-08-02). 来源：*The Papers of George Washington, Presidential Series*, vol. 8, *22 March 1791–22 September 1791*, 84–86.

[5]　Ibid.

[6]　Ibid.

[7]　纽约的第一部释奴法令于 1799 年通过。参见 Harris, *In the Shadow of Slavery*, 70。

[8]　"From George Washington to Tobias Lear, 12 April 1791", Founders Online, National Archives (http:// founders.archives.gov/documents/ Washington/05-08-02-0062, ver. 2013-08-02). 来源：*The Papers of George*

Washington, Presidential Series, vol. 8, *22 March 1791–22 September 1791,* 84–86。

[9]　Ibid.

[10]　Ibid.

[11]　Martha Washington to Fanny Bassett Washington, 19 April 1791, in Fields, *"Worthy Partner",* 61.

[12]　对于这趟到弗农山庄的路程，华盛顿夫妇给了奥斯丁 11.66 美元，在当时，从费城到巴尔的摩需要 4.55 美元，而从巴尔的摩到亚历山大港需要花费 4 美元，其他费用，比如食物和住宿则接近 3 美元。

[13]　"To George Washington from Tobias Lear, 24 April 1791", Founders Online, National Archives (http://founders. archives.gov/documents/ Washington/05-08-02-0099 [最近更新：2015-03-20]). 来源：*The Papers of George Washington,* Presidential Series, vol. 8, *22 March 1791–22 September 1791,* 129–134。 司法部长对这一法律的解释是不正确的，事实上，所有国会议员都受到保护，可以免于渐进废奴法律的影响。

[14]　Ibid.

[15]　Ibid.

[16]　Ibid.

[17]　George Washington Parke Custis, *Recollections and Private Memoirs of the Life and Character of Washington* (New York: 1860), 422–424.

[18]　"To George Washington from Tobias Lear, 5 June 1791", Founders Online, National Archives (http://founders.archives.gov/documents/ Washington/05-08-02-0172, ver. 2013-08-02). 来源：*The Papers of George Washington,* Presidential Series, vol. 8, *22 March 1791–22 September 1791,* 231–35.

[19]　Ibid.

[20]　Decatur and Lear, *Private Affairs of George Washington,* 239.

[21]　"To George Washington from Tobias Lear, 5 June 1791", Founders Online, National Archives (http://founders. archives.gov/documents/ Washington/05-08-02-0172 [最近更新：2015-03-20]). Source: *The Papers*

of George Washington, Presidential Series, vol. 8, *22 March 1791–22 September 1791*, 231–235。

[22] 赫拉克勒斯在 1797 年初成功逃离弗农山庄。在从首席厨师的职位降职为一名普通的体力劳动者后，他逃跑了。

[23] "To George Washington from Tobias Lear, 24 April 1791", Founders Online, National Archives (http://founders.archives.gov/documents/Washington/05-08-02-0099 [最近更新：2015-12-30])。来源：*The Papers of George Washington*, Presidential Series, vol. 8, *22 March 1791–22 September 1791*, ed. Mark A. Mastromarino (Charlottesville: University Press of Virginia, 1999), 129–134。

[24] 乔治·华盛顿关于奴隶制的看法随着时间的推移而改变。正如历史学家菲利普·摩根（Philip Morgan）所指出的那样，美国第一任总统没有顿悟，但他对奴隶制的担忧逐渐加深，以至于在他生命的最后时刻，他选择在他妻子去世后释放他的奴隶。参见 Philip Morgan, "To Get Quit of Negroes", 403–429。

第六章

[1] Decatur and Lear, *The Private Affairs of George Washington*, 268.

[2] Ibid., 201.

[3] 华盛顿夫妇住在纽约时，威廉·李为他们服务；然而，他在 1790 年夏天回到弗农山庄。随后华盛顿一家到费城定居。李因膝伤致残，无法再可靠地为总统服务。

[4] William Douglass, *Annals of the First African Church in the United States of America, Now Styled the African Episcopal Church of St Thomas* (Philadelphia: King and Baird, 1862), 12–49.

[5] 关于逃奴的数据来自 Smith and Wojtowicz, *Blacks Who Stole Themselves* 以及纳什和索德伦德对宾州 19 家报纸的调查数据。逃奴的数量可能高于调查的 122 名。因为一些奴隶主并没有上报他们的逃奴，可能存在遗漏。

[6] 根据美国人口普查记录，1790 年，弗吉尼亚费尔法克斯县有 12320 人。参见 "Heads of Families—Virginia" in *United States Census, 1790*。

[7] Billy Smith, *The Lower Sort: Philadelphia's Laboring People 1750–1800* (Ithaca: Cornell University Press, 1994), 193.

[8] 华盛顿在给托拜厄斯·利尔的一封信中解释说，在一次骑行事故后，贾尔斯可能"再也不能骑马了"。参见 "From George Washington to Tobias Lear, 19 June 1791", Founders Online, National Archives (http://founders.archives.gov/documents/Washington/ 05-08-02-0193, ver. 2014-05-09)，来源：*The Papers of George Washington, Presidential Series,* vol. 8, *22 March 1791–22 September 1791,* 275–278。

[9] 贾尔斯没有出现在 1799 年弗农山庄的奴隶清单上；然而，一位名叫贾尔斯的奴隶出现在 1802 年的奴隶清单上，这些奴隶是玛莎·华盛顿的孙女玛莎·帕克·卡斯蒂斯·皮特继承的。如果这是同一位贾尔斯的话，那时他的身价就只有 10 英镑，这说明在他的主人看来，他的伤势已令他毫无价值。也或许这只是贾尔斯的儿子，一个不能做苦力的小孩子。

[10] "From George Washington to Tobias Lear, 19 June 1791", Founders Online, National Archives (http:// founders.archives.gov/documents/ Washington/05-08-02-0193, ver. 2013-08-02). 来源：*The Papers of George Washington,* Presidential Series, vol. 8, *22 March 1791–22 September 1791,* 275–278。

[11] George Washington to William Pearce, 2 November 1794, ser. 4, General Correspondence, George Washington Papers, Library of Congress.

[12] 有关更多美国历史上的黄热病，参见 Crosby, *The American Plague*。

[13] Chernow, *Washington: A Life,* 700–702.

[14] 参见 Decatur and Lear, *The Private Affairs of George Washington,* 181 和 Brighton, *The Checkered Career of Tobias Lear,* 115–116。

[15] Newman, *Freedom's Prophet,* 87–88.

[16] 参见 J. H. Powell 为 *Bring Out Your Dead* 撰写的序言。

[17] 参见 Newman, *Freedom's Prophet,* 94–95, 该书中有更多关于在黄热病流行期间诽谤费城黑人的著名的小册子。

[18]　1793 年 1 月 12 日，弗农山庄的农场报告把贝蒂·戴维斯列为怀孕或正在"产褥期"。华盛顿 1799 年的奴隶清单上列出了一个 6 岁的孩子奥娜，她是贝蒂·戴维斯的女儿。

[19]　夏洛特和奥斯丁的年龄相近，根据 1786 年和 1799 年弗农山庄奴隶清单中的信息，夏洛特至少有 5 个孩子：比利（约 1782 年出生）、蒂莫西（Timothy，生于 1785 年）；还有三个女儿，埃尔维、珍妮和伊丽莎（1799 年的奴隶清单上没有列出这三个女孩的年龄）。

[20]　John H. Barney to Bartholomew Dandridge, 20 December 1794, George Washington Papers, Library of Congress, 1741–1799, ser. 4, General Correspondence, 1697–1799, http://memory.loc.gov/cgi-bin/ampage?collId=mgw4&file-Name=gwpage106.db&recNum=835.

[21]　George Washington to William Pearce, 1 February 1795, *The Writings of George Washington,* 34:109.

[22]　乔·理查森（Joe Richardson）出现在 1786 年弗农山庄的奴隶人口普查中，这表明当时他已超过 14 岁。乔娶了萨尔（Sall），萨尔出生于 1769 年左右，和奥娜·贾奇的家人一样，她在弗农山庄当裁缝。1795 年某个时候，乔从弗农山庄到达费城。参见 "Letter from George Washington to William Pearce, October 19, 1795" in John C. Fitzpatrick, *The Writings of George Washington,* 34:337–338。在乔来到费城的时候，他和萨尔已经结婚，且有三个年幼的儿子：7 岁的亨利（Henry）、3 岁的以利亚（Elijah）和 1 岁的丹尼斯（Dennis）。

第七章

[1]　Henry Wiencek, *An Imperfect God,* 290.

[2]　John Adams to Abigail Adams, 23 February 1796 [电子版]. *Adams Family Papers: An Electronic Archive,* Massachusetts Historical Society. http://www.masshist.org/digitaladams/archive/doc?id=L-17960223ja&bc=%2Fdigitaladams%2Farchive%2Fbrowse%2Fletters_1789_1796.php。至于原稿，

参见 John Adams to Abigail Adams, 23 February 1796, p. 1, Adams Family Papers, Massachusetts Historical Society. 亚当斯写道，他在 2 月 22 日参加了一场精心准备的舞会，以庆祝总统的生日。也可参见 Weld, *Travels through the States*。

[3] 托马斯·劳写给乔治·华盛顿的那封信没有被找到。

[4] Crackel, *The Papers of George Washington Digital Edition,* Diaries (11 March 1748–13 December 1799) "[Diary entry: 10 February 1796]."

[5] George Washington to Eliza Parke Custis, 10 February 1796, *The Papers of George Washington,* 获取时间：June 13, 2015, http://gwpapers.virginia.edu/documents/george-washington-to-elizabeth-betsey-parke-custis-2/.

[6] George Washington to Thomas Law, 10 February 1796, *The Papers of George Washington,* 获取时间：June 13, 2015, http://gwpapers.virginia.edu/documents/george-washington-to-thomas-law/.

[7] Ibid.

[8] John Adams to Abigail Adams, 23 February 1796 [电子版]. *Adams Family Papers: An Electronic Archive,* Massachusetts Historical Society. http://www. masshist.org/digitaladams/archive/doc?id=L17960223ja&bc=%2Fdigitaladams% 2Farchive%2Fbrowse%2Fletters_1789_1796.php.

[9] Ellis, *American Creation,* 200. 华盛顿曾考虑在他第一届总统任期结束后退休，但一直坚持到新国家相对稳定。詹姆斯·麦迪逊在 1792 年就为总统写下了告别演说，但之后总统求助于亚历山大·汉密尔顿，汉密尔顿帮他写了一篇新的告别演说，于 1796 年 9 月发表。也可参见 Chernow, *Washington: A Life,* 752–754。

[10] 参见监工约翰·尼尔（John Neale）在 1796 年 7 月 30 日写给华盛顿总统 的 信，"Weekly Report of Mount Vernon" in Crackel, *The Papers of George Washington Digital Edition,* Retirement Series (4 March 1797–13 December 1799), vol. 1 (4 March 1797–30 December 1797)。也可参见华盛顿总统 1797 年 4 月 23—29 日的农场报告。贝蒂·戴维斯和费拉德尔菲亚都花了近 6 天的时间来为总统制作服装。

[11] George Washington to William Pearce, 8 March 1795, *The Writings of*

George Washington, 34:135.

[12]　参见 Barratt and Miles, *Gilbert Stuart* 和 Chernow, *Washington: A Life,* 748。

[13]　Ibid.

[14]　Ibid.

[15]　Jacobs, *Incidents in the Life,* 34.

第八章

[1]　Ibid. 在 18 世纪，大西洋中部诸州的奴隶们，以及上南部与下南部的奴隶们，总是到北部寻求自由。在大西洋中部诸州究竟有多少男人和女人被奴役或逃跑几乎是不可能统计的，但是 1790 年的人口普查员（不管他们的数字有多少瑕疵）列出一共有 16422 名奴隶住在宾州、特拉华州以及新泽西州南部的县。尽管在整个殖民地时期，宾夕法尼亚居民中奴隶的数量从未超过总人口的 4%—5%，但他们在费城这个港口城市的数量却相当可观。在 18 世纪初，黑人人口达到了 28%，在美国革命开始时下降到 7%。

[2]　参见 *Blacks Who Stole Themselves,* 11。 Smith 和 Wojtowicz 注意到，在 1728 年至 1790 年间《宾夕法尼亚公报》上刊登的 959 条逃奴广告中，只有 11% 的逃奴是在 12 月、1 月或 2 月逃跑的。

[3]　Ibid.

[4]　根据艾拉·柏林（Ira Berlin）的统计，在 18 世纪 80 年代，在费城郊区有一半到四分之三的年轻奴隶逃离了他们的主人。革命以及北部渐进废除奴隶制的法律都充分吸引着奴隶们离开他们的主人。参见 Berlin, *Many Thousands Gone,* 233。

[5]　White, *Ar'n't I A Woman?*, 70. 根据怀特的研究，在南卡罗来纳殖民地报纸上刊登的逃奴广告中，77% 的逃奴是男性。从 1736 年到 1801 年，在弗吉尼亚的威廉斯堡、弗雷德里克斯堡和里士满等地报纸上刊登的 1500 则逃奴广告中，只有 142 名逃奴是女性。

[6] Camp, *Closer to Freedom,* 25–29. 当男奴和女奴生活在不同的庄园时，跨庄园婚姻就发生了。根据坎普的说法，通常是男奴来探望他的妻子。

[7] Smith and Wojtowicz, *Blacks Who Stole Themselves,* 12. 这些逃奴广告频繁出现在 1728—1790 年间。

[8] *Pennsylvania Gazette,* September 1, 1790, 这则广告也出现在 *Blacks Who Stole Themselves* 一书中，第 158 页。

[9] Ibid.

[10] George Washington to Anthony Whiting, 3 March 1793, *The Writings of George Washington,* vol. 32, March 10, 1792–June 30, 1793, 366.

[11] Thompson, "Control and Resistance".

[12] "Anthony Whitting to George Washington, 16 January 1793", Founders Online, National Archives (http://founders.archives.gov/documents/Washington/05-12-02-0005, ver. 2014–05–09). 夏洛特嫁给了奥娜·贾奇的哥哥奥斯丁。

[13] "George Washington to Anthony Whitting, 20 January 1793", Founders Online, National Archives (http://founders.archives.gov/documents/Washington/05-12-02-0013 ver. 2014–05–09).

[14] 美国众议院在第二届国会第二次会议（1792 年 11 月 5 日至 1793 年 3 月 2 日）上的议事程序和辩论。

[15] 有关 1793 年《逃奴法》的更多背景，参见 Paul Finkelman, *Slavery and the Founders: Race and Liberty in the Age of Jefferson* (Armonk, NY: M. E. Sharpe, 1996), 第四章。

[16] 参见 Paul Finkelman, "Chief Justice Hornblower of New Jersey and the Fugitive Slave Law of 1793" in *Slavery and the Law* (New York: Rowman & Littlefield Publishers, 2002), 120–127。

[17] Newman, *Freedom's Prophet,* 56–57.

[18] Ibid., 127.

[19] 参见 "Washington's Household Account Book, 1793–1797", in *Pennsylvania Magazine of History and Biography* 31 (1907), 182. 1796 年 5 月 10 日，华盛顿给了贾奇一些钱让她去买一双新鞋。这不仅是一名逃奴的必需

品，也是贾奇拜访理查德·艾伦家的机会，因为除了扫烟囱的生意，艾伦家还经营着一家鞋店。

[20]　Newman, *Freedom's Prophet,* 142.

[21]　"Washington's Household Account Book, 1793–1797", *Pennsylvania Magazine of History Biography* 31 (1907), 182.

[22]　Rev. Benjamin Chase, letter to the editor, *Liberator,* January 1, 1847.

[23]　T. H. Archibald, *Granite Freeman,* May 22, 1845.

[24]　Ibid.

[25]　19 世纪 40 年代，奥娜·贾奇·斯坦斯接受了两次公开采访，这些采访发表在废奴主义报纸上，她对 18 世纪的事件发表了自己的看法。这条引文出现在亚当斯牧师写的一篇采访中。Reverend T. H. Adams entitled "Washington's Runaway Slave," in the *Granite Freeman,* May 22, 1845.

[26]　克莱普尔的《美国每日广告报》上刊登的广告中，华盛顿为捉拿贾奇而悬赏 10 美元。这则广告刊登在 1796 年 5 月 24 日星期一，并声明贾奇于星期六逃跑。

[27]　大多数现存的关于奥娜·贾奇逃跑的二手著作中都错误地引用了《宾夕法尼亚公报》作为她逃跑后刊登的广告。本·富兰克林的报纸上没有这样的广告。然而，克莱普尔的《美国日报》和《费城公报》（又称《联邦公报》）都刊登了广告。基特的广告首先出现在《费城公报》上，接着出现在克莱普尔的公报上。华盛顿夫妇在几天后就停止了为追回这名逃奴继续做广告，最后一则广告出现在 1796 年 5 月 27 日克莱普尔的公报中。

[28]　*Claypoole's American Daily Advertiser,* May 24, 1796.

[29]　Ibid.

[30]　*Philadelphia Gazette & Universal Daily Advertiser,* May 23, 1796.

[31]　*Claypoole's American Daily Advertiser,* May 24, 1796.

[32]　Thomas Lee Jr. to George Washington, 28 June 1796, George Washington Papers, Library of Congress, 1741–1799, ser. 4, General Correspondence, 1697–1799, http://memory.loc.gov/cgi-bin/ampage?collId=mgw4&fileName e=gwpage109.db&recNum=578.

[33] *Granite Freeman,* May 22, 1845. 又见 *Portsmouth Journal,* July 15, 1837。
鲍尔斯死于 7 月 8 日星期六晚。

[34] 鲍尔斯和他的搭档利在《新罕布什尔公报》上多次刊登广告。参见 1796
年 6 月 4 日、11 日和 25 日的广告，这些广告都描述了他们列出的待售
商品。

[35] Ibid.

[36] *Philadelphia Gazette & Universal Daily Advertiser,* May 10, 1796. 两份纽
约报纸都刊登了"南希号"到达费城的消息。参见 *Argus, or Greenleaf's
New Daily Advertiser,* May 12, 1796, 以及 *Minerva,* May 12, 1796。

[37] 在 5 月 11 日至 17 日，约翰·鲍尔斯在《费城公报和环球每日广告》上
刊登了广告。

第九章

[1] 参见 Valerie Cunningham, The First Blacks of Portsmouth"。在新罕布什尔
州，有 630 名自由黑人和 158 名奴隶。

[2] William D. Pierson, *Black Yankees: The Development of an Afro-American
Subculture in Eighteenth-Century New England* (Amherst: University of
Massachusetts Press, 1988), 14.

[3] 弗农山庄的奴隶数量继续增加。到 1799 年，共有 318 名奴隶为华盛顿一
家劳动。

[4] Joseph Whipple to George Washington, 22 December 1796, George
Washington Papers, Library of Congress, 1741–1799, ser. 4, General
Correspondence, 1697–1799. http://memory.loc.gov/cgi-bin/ampage?collId=
mgw4&fileName=gwpage110.db&recNum=395.

[5] Adams and Pleck, *Love of Freedom,* 41.

[6] Ibid.

[7] 参见 Tera Hunter, *To 'Joy My Freedom,* 56–65。

[8] Pleck and Adams, *Love of Freedom,* 42. 又见 Susan Klepp, "Seasoning and

Society"。

[9]　Cunningham and Sammons, *Black Portsmouth,* 16–17.

[10]　Ibid.

[11]　Piersen, *Black Yankees,* 5.

[12]　Cunningham and Sammons, *Black Portsmouth,* 77, 以及 Melish, *Disowning Slavery,* 66。

[13]　Cunningham and Sammons, *Black Portsmouth,* 77.

[14]　Ibid.

第十章

[1]　有关这位联邦参议员和新罕布什尔州州长的详细传记，参见 Lawrence Shaw Mayo, *John Langdon of New Hampshire* (Concord, NH: The Rumford Press, 1937)。

[2]　*The Diary of George Washington,* 从 1789 年 10 月第 1 天到 1790 年 3 月第 10 天。

[3]　Caroline Kirkland, *Memoirs of Washington,* 469. 卡洛琳对华盛顿的传记描述中包含了伊丽莎·兰登和贾奇相遇的一个版本。卡洛琳因其对美国文学的贡献而闻名，她为青少年读者撰写了一本更倾向于年轻女性阅读的传记。她对贾奇和兰登在朴次茅斯会面的描述戏剧性地符合事实，与乔治·华盛顿对兰登和贾奇相遇的描述并不一致。

[4]　Cunningham and Sammons, *Black Portsmouth,* 41.

第十一章

[1]　在 1796 年 9 月 1 日至 12 月 22 日之间，有五封现存的书信是关于抓捕奥娜·贾奇的。财政部长小奥利弗·沃尔科特与朴次茅斯海关关长约瑟夫·惠普尔之间的第六封信遗失了。

[2]　George Washington to Oliver Wolcott Jr., 1 September 1796, Connecticut

Historical Society (Box 4, Folder 4).

[3] Ibid.

[4] Washington to Whipple, 28 Novermber 1796. 华盛顿称，一位名叫普雷斯科特的上尉（Captain Prescot）报告见过奥娜·贾奇，她曾试图在他的家中找工作。据总统说，奥娜·贾奇很想家，很想回到家人和朋友的身边。

[5] Ibid.

[6] 美国众议院在第二届国会第二次会议（1792 年 11 月 5 日至 1793 年 3月 2 日）上的议事程序和辩论。

[7] George Washington to Oliver Wolcott, 1 September 1796.

[8] Ibid.

[9] Ibid.

[10] Ibid.

[11] "Joseph Whipple to Oliver Wolcott Jr., September 10, 1796", in Martha Washington, Item #20, 获取时间：15 July 2013, http://www.marthawashington. us/items/show/20。

[12] Joseph Foster, The Soldiers' Memorial. Portsmouth, N.H., 1893–1921: *Storer Post, No.1, Department of New Hampshire, Grand Army of the Republic Portsmouth, N.H.* 包含向城市赠送旗帜和肖像的记录，1890 年和 1891 年。(Portsmouth, 1921), 20–26。

[13] "John Langdon to George Washington, 17 July 1789", Founders Online, National Archives (http://founders.archives.gov/?q=john%20langdon%20to%20george%20washington%20july%2017%20 1789&s=1111311111&sa=&r=4&sr=ver. 2013-06-26). 惠普尔在新国家的建立过程中一直担任这一职位。

[14] 参见 Blaine Whipple, *History and Genealogy of "Elder" John Whipple of Ipswich, Massachusetts: His English Ancestors and American Descendants* (Victoria, BC: Trafford; Portland, OR: Whipple Development Corporation, 2003)。

[15] Dunbar_Never Caught_ FSM.docx"Joseph Whipple to Oliver Wolcott, Jr., 4 October 1796", in Martha Washington, Item #21, http://marthawashington.us/

items/show/21（获取时间：May 6, 2014).

[16] Ibid.

[17] Ibid.

[18] Ibid.

[19] Ibid.

[20] Ibid.

[21] Ibid.

[22] George Washington to Joseph Whipple, 28 November 1796, *The Writings of George Washington, 35:296–297.*

[23] Ibid.

[24] George Washington to the Marquis de Lafayette, 5 April 1783, *The Writings of George Washington,* 26:300. 有关华盛顿对奴隶制的看法是不断变化的，参见 Philip D. Morgan, "To Get Quit of Negroes", 403–429。

[25] Ibid.

[26] Ibid.

[27] Ibid.

[28] 奥娜·贾奇在逃往新罕布什尔州朴次茅斯后的头几个月里，从未提及任何她怀孕的事情，而且目前没有任何记录可以支持华盛顿的说法。1797 年，贾奇并没有生孩子。除非她流产了，否则总统的说法只是推测而已。

[29] Joseph Whipple to George Washington, 22 December 1796, George Washington Papers, Library of Congress.

[30] Ibid.

第十二章

[1] Clark, *The Roots of Rural Capitalism,* 24.

[2] 想要了解更多早期的奴隶婚姻，参见 Betty Wood, *Slavery in Colonial America, 1619–1776,* 第四章。

[3] Bolster, *Black Jacks,* 1–6.

[4] 参见 Douglas Egerton, *He Shall Go Out Free*。

[5] Edlie L. Wong, *Neither Fugitive nor Free,* 183–184.

[6] Joseph Whipple to George Washington, 22 December 1796, Papers of George Washington, Library of Congress

[7] 参见 Priscilla Hammond, *Vital Records of Greenland, New Hampshire: Compiled from the Town's Original Record Books, earliest and latest dates recorded, 1710–1851* (Salem: Higginson Book Company, 1997)，参见 1797 年 1 月 8 日的记录。新罕布什尔州格陵兰的办事员托马斯·菲尔布鲁克记录，约翰·斯坦斯和奥娜·贾奇在罗金汉县的格陵兰镇登记了，他们的婚姻是塞缪尔·黑文主持的。约翰·斯坦斯也被称为杰克·斯坦斯。

[8] 参见 Year: 1800; Census Place: *Portsmouth, Rockingham, New Hampshire;* Series: *M32*; Roll: *20*; Page: *903*; Image: *513*; Family History Library Film: *218679*。奥娜·贾奇的丈夫一栏写着杰克·斯坦斯。

[9] 我们不知道伊丽莎·斯坦斯的确切出生日期。然而，在 1832 年她去世时，医生推测伊丽莎 34 岁，那么她大约在 1798 年出生。参见 "Certificate of Death for Eliza Staines, 16 February 1832", *New Hampshire Vital Statistics,* Concord, NH. Ancestry.com. *New Hampshire, Death and Burial Records Index, 1654–1949* [在线数据库]. Provo, UT: Ancestry.com Operations, Inc., 2011。

[10] 参见 David McCullough, *John Adams,* 第八章。

[11] "From George Washington to Burwell Bassett, Jr., 11 August 1799", Founders Online, National Archives (http://founders.archives.gov/documents/Washington/06-04-02-0197 [最近更新：2015-03-20]). 来源：The Papers of George Washington, Retirement Series, vol. 4, *20 April 1799–13 December 1799*。

[12] Ibid.

[13] Ohline, "Slavery, Economics, and Congressional Politics, 1790" in Onuf, *Establishing the New Regime,* 343. 也可参见 Paul Finkelman, *Slavery and the Founders,* 28–29。

[14] Benjamin Chase, letter to the editor, *Liberator,* January 1, 1847.

[15] Rev. T. H. Adams, *Granite Freeman,* May 22, 1845.

[16] Ibid.

[17] 在斯坦斯夫人的采访中，她说巴赛特第二次来到她家时，试图说服她回到弗吉尼亚，如果有必要的话，第二次会使用武力。斯坦斯没有说明这两次对她的试图追捕之间的时间间隔，因此我们不知道巴赛特是否两次前往新罕布什尔州。无论如何，巴赛特曾两次试图追捕斯坦斯夫人。

第十三章

[1] Blanton, "Washington's Medical Knowledge and Its Sources". 也可参见 Knox, "The Medical History of George Washington, His Physicians, Friends and Advisers"。

[2] Chernow, *Washington: A Life,* 806.

[3] Dorothy Twohig, *George Washington's Diaries: An Abridgement,* 430.

[4] "George Washington's Last Will and Testament, 9 July 1799", Founders Online, National Archives (http://founders.archives.gov/documents/ Washington/ 06-04-02-0404-0001, ver. 2013-12-27).

[5] Ibid.

[6] 参见 Mary V. Thompson, "William Lee & Oney Judge: A Look at George Washington and Slavery" in the *Journal of the American Revolution* (June 2014)。虽然没有文字记录，口头传说表明威廉·李被埋葬在弗农山庄的奴隶墓地。

[7] Prussing, The Estate of George Washington, Deceased, 158.

[8] Fritz Hirschfeld's *George Washington and Slavery,* 214. 也可参见 Woody Holton, *Abigail Adams* (New York: Simon and Schuster, 2009), 33。

[9] 有关释放华盛顿的奴隶的详情记录在弗吉尼亚州费尔法克斯县的县法院记录摘要中。也可参见 John C. Fitzpatrick, ed., *The Last Will and Testament of George Washington and Schedule of His Property,* 其中附有 *Last Will and*

Testament of Martha Washington (Mount Vernon, VA: The Mount Vernon Ladies' Association of the Union, 1939)。

[10]　许多黑人男女雇用成年借宿者，以帮助自己分摊家庭开支，并帮助有需要的自由黑人和逃奴。虽然这里面可能有斯坦斯家族的一个成员，但更可能至少有两个成员是他们的孩子。

[11]　伊丽莎和南希·斯坦斯的死亡证明表明她们分别是在 1798 年和 1802 年出生的。参见 "Death Certificate of Eliza Staines, 16 Feb ruary 1832" 和 "Death Certificate of Nancy Staines, 11 September 1833", Ancestry.com. *New Hampshire, Death and Burial Records Index,* 1654–1949 [在线数据库]. Provo, UT: Ancestry.com Operations, Inc., 2011。

[12]　参见 Gerson 关于 Seaman's Protection Certificates for Portland 的文件 , ME., Washington, DC, National Archives in "A Thirst for Complete Freedom"。也可参见 National Archives and Records Administration; Washington, DC; *Quarterly Abstracts of Seamen's Protection Certificates, New York City, NY 1815–1869,* Ancestry. com. *U.S., Seamen's Protection Certificates, 1792–1869* [在线数据库]. Provo, UT: Ancestry.com Operations, Inc., 2010。

[13]　威廉·斯坦斯也有可能不是奥娜·斯坦斯的亲生儿子。如果威廉是斯坦斯的非婚生儿子，那么他没有出现在有关斯坦斯一家以及杰克一家的人口普查记录中，也是可以理解的。

[14]　没有其他文件证明能将威廉·斯坦斯与他的父母联系在一起，而人口普查记录也无法提供他与家人关系的绝对证据。

[15]　我无法找到任何证据表明杰克·斯坦斯的死因或确切死亡日期。1803 年 5 月 3 日，《新罕布什尔公报》刊登了一份死亡讣告。后来，在 1810 年的人口普查中，奥娜·斯坦斯和她的两个孩子（女儿）都被记录在杰克家一起生活的成员名单中。她们被列在生活在杰克家的 6 个自由黑人的名单中，但是没有公布这 6 个人的名字。

[16]　参见 *New-Hampshire Gazette,* May 3, 1803. 该报纸部分报道了州内外的人口死亡事件。死亡讣告上写着："在这个小镇……杰克·斯坦斯先生（一个有色人种）。"

[17]　这段与巴特利特家族生活在一起的奥娜·斯坦斯的描述源于 Gerson,"A

Thirst of Complete Freedom", 113。格尔森有关这份雇佣协议的脚注有些
含糊，使得我们核实起来相当困难。

[18]　格陵兰镇声称，这处房产是杰克一家居住的，但直到 1860 年，这两个
城镇之间的最终边界才建立起来。参见 Bouton, *Documents and Records Relating to the Province of New Hampshire,* 12:64, 13:480, 25:552。参见 Charles Nelson, *History of Stratham,* 200。

[19]　Gerson, "A Thirst for Complete Freedom," 114.

[20]　参见 *Town Records of Greenland, New Hampshire, 1750–1851* 以及 Hammond, *Vital Records*。格尔森在 "A Thirst for Complete Freedom", 116–118 中指出，乔纳森·多克姆(Jonathan Dockum)因为替菲利斯·华纳（Phillis Warner）挖墓得到了 1.99 美元，并得到三品脱的朗姆酒。市政基金还被用来偿还约瑟夫·克拉克（Joseph Clark）制作棺材的费用，塞缪尔·迪尔伯恩（Samuel Dearborn）因为敲响镇钟得到了 0.25 美元。在格尔森发现这些遗失档案的 15 年后，我拜访了格陵兰镇档案库。

[21]　在 1810 年的人口普查中，杰克一家以匿名的方式被编入了索引，其中包括 6 名自由黑人，很可能是杰克，他的两个女儿南希和小菲利斯，奥娜·斯坦斯以及她的两个女儿伊丽莎和南希。年轻的威廉在这次人口普查中并没有被记录在内，也许是因为他还不到 10 岁，或者更糟的是，他已经被签了雇佣契约。现有的文件给我们留下的证据很少。

[22]　这一信息来自 *Town Records of Greenland, New Hampshire, 1750–1851* 以及 Hammond, *Vital Records*。

[23]　杰克在 1817 年 10 月 19 日去世。

[24]　参见 Charles Brewster, "Washington and Slavery: From Mrs. Kirkland's Life of Washington"。这份附录出现在 *Portsmouth Journal of Literature and Politics* (7 March 1857)。

[25]　在《埃克塞特新闻报》(*Exeter News-Letter*) 的格陵兰版中有两篇文章——这两篇文章讲述了杰克·斯坦斯一家所称的"家"的童年记忆。第一篇文章发表于 1874 年 12 月 18 日，作者只冠以首字母 M。第二篇文章是玛丽·伊泽特·福尔摩斯（Mary Izette Holmes）写的，发表于 1917 年 1 月 2 日。这两篇文章都是在奥娜·斯坦斯去世几十年后写的。

[26]　*New-Hampshire Gazette,* February 28, 1832.

[27]　Ancestry.com. *New Hampshire, Death and Burial Records Index, 1654–1949* [在线数据库]. Provo, UT: Ancestry.com Operations, Inc., 2011. 不像她的姐姐伊丽莎，南希的讣告并没有出现在新罕布什尔州的报纸上。原始数据："New Hampshire Death Records, 1654–1947"。Index. FamilySearch, Salt Lake City, Utah, 2010. New Hampshire Bureau of Vital Records. "Death Records, 1654–1947". Bureau of Vital Records, Concord, NH。

[28]　*Liberator,* January 1, 1847.

[29]　*Granite Freeman,* May 22, 1845.

[30]　Ibid.

[31]　Ibid.

[32]　Reverend Roland D. Sawyer of Kensington, "New Hampshire Pioneers of Religious Liberty", in *Granite Monthly.* 又见 *Liberator,* January 1, 1847。

[33]　有关菲利斯·杰克的讣告，参见 *New-Hampshire Gazette,* January 6, 1846。有关奥德尔医生来访的信息，参见 Hammond、*Vital Records* 以及 Gerson, "A Thirst for Complete Freedom"。奥德尔因上门看病收到了 13.16 美元的问诊费。

[34]　很多报纸刊登了奥娜·斯坦斯的死亡通知，大多是在 1848 年春天发布的。有一些通知请参见 *Portsmouth Journal,* April 1, 1848; *New-Hampshire Gazette,* April 4, 1848; *Pennsylvania Freeman* May 11, 1848。

尾　声

[1]　*Granite Freeman,* May 22, 1845.

[2]　在弗农山庄的农场报告中，费拉德尔菲亚是著名的纺纱工、裁缝和编织工。最后一次关于费拉德尔菲亚纺纱的报告是在 1797 年 4 月 23—29 日一周。贝蒂·戴维斯（常被称为贝琪·戴维斯）也被记录在内。费拉德尔菲亚纺纱，贝蒂·戴维斯缝纫。参见 "Farm Reports, 23–29 April 1797", Founders Online, National Archives (http:// founders.archives.gov/

documents/Washington/06-01-02-0047 [最近更新：2015-03-20])，来源：
The Papers of George Washington, Retirement Series, vol. 1, *4 March 1797–30 December 1797*。

[3]　Brown，"Residence Patterns of Negroes in the District of Columbia, 1800–1860" in *Records of the Columbia Historical Society* 47:66–79.

[4]　Ibid. 根据美国人口普查局的数据，当时哥伦比亚特区共有 3244 名奴隶，还有 783 名是自由黑人。更具体地说，1800 年在乔治敦有 277 名自由黑人，而亚历山大港有 367 名自由黑人。

[5]　根据 1810 年和 1820 年的人口普查报告，哥伦比亚特区的奴隶人口有所增加。奴隶的数量从 1810 年的 5505 人增加到 1820 年的 6277 人。但到 1830 年后，奴隶人口开始减少，第一次少于自由黑人的人数。1830年，有 6119 名奴隶和 6152 名自由黑人。参见 Letitia Woods Brown, *Free Negroes in the District of Columbia, 1790–1846,* 11。

[6]　玛莎·华盛顿的混血妹妹安·丹德里奇和她的儿子威廉·科斯汀的故事仍然是一个有争议的话题。亨利·维恩塞克在他的文章中提到了这种有可能的关系，参见 *An Imperfect God,* 283–87。虽然我觉得这个说法有点道理，但我还没有找到任何现存的文件证明丹德里奇是玛莎·华盛顿同父异母的妹妹，也没有发现威廉·科斯汀是杰克·卡斯蒂斯的儿子的证据。多年来，围绕这种血缘关系的口述史可能已经发生了变化，使得历史学家几乎找不到板上钉钉的证据。这也是许多在弗吉尼亚和整个南部奴隶制时期出生的跨种族儿童的情况。黑人历史学家乔治·华盛顿·威廉姆斯（George Washington Williams）是第一位撰写关于非裔美国人通史的先驱人物，他在讨论科斯汀的父系血统时犹豫不定。另一份 19 世纪 60 年代的记录是由联邦间谍伊丽莎白·范·卢（Elizabeth Van Lew）所写，她认为杰克·卡斯蒂斯是威廉·科斯汀的父亲。参见 *Elizabeth Van Lew Album 1845–1897,* in the Manuscripts Collection at the Virginia Historical Society, in Richmond, Virginia。

[7]　参见 Doug Egerton, *Gabriel's Rebellion*。

[8]　*The Washington Family Papers* (Container 3, Box 4, Folder 1), Library of Congress. 《华盛顿家族文件》第四盒中的文件属于玛莎·华盛顿。这个

盒子里装着沃尔特·彼得（Walter G. Peter）的私人收藏的复制件，并于1931 年提供给了美国国会图书馆。虽然奴隶清单没有注明日期，但该文件夹中的大多数文件日期都在 1800 年至 1803 年之间。奴隶目录被分成四个部分，明确指定哪些奴隶被送到卡斯蒂斯的孙辈那里。费拉德尔菲亚（被记载为德尔菲亚）是 43 名被分配给"劳夫人"的奴隶之一。

[9]　Ibid.

[10]　Ibid. 在这个奴隶清单中，贝蒂·戴维斯、南希、奥娜（这个清单中是Anney）和露辛达都列了出来。贝蒂·戴维斯的两个年幼孩子，分别是奥娜和露辛达，她们的价值明显低于南希，这是由于她们年龄的原因。到 1802 年，奥娜大约 9 岁，露辛达快 6 岁，南希快 12 岁。戴维斯和她的孩子们很可能住在阿灵顿，这是沃尔特·彼得·卡斯蒂斯于 1802年开始建造的一个庄园。沃尔特·彼得·卡斯蒂斯拥有的其他种植园（White House and Romancoc）现存的奴隶清单中，没有贝蒂·戴维斯和她孩子的名字。

[11]　托马斯·劳向伊丽莎·劳提供房产的提议是暂时的，因为在分居协议中说，在伊丽莎死后，这些财产将"重新移交给托马斯·劳和他的继承人"。参见 *Adams v. Law* 58 U.S. 417 (1854)。

[12]　参见 letter from Rosalie E. Calvert to her father, H. J. Stier, in Calcott, *Mistress of Riversdale,* 97。

[13]　参见 Sarah Booth Conroy, "Hoxton House's Secret: The Origins of the Elegant Gray Stucco Mansion Were Obscured Until Researchers Digging Through Old Records Found the Owner: A Granddaughter of Martha Washington", *Washington Post,* June 29, 1995。

[14]　费拉德尔菲亚、路易莎和安的奴隶释放协议被华盛顿特区契约记录员记为 Liber R, No. 17 pg. 409。海伦·霍本·罗杰斯（Helen Hoban Rogers）从契约书和自由证书中收集了成千上万的奴隶和奴隶主的名字。她的著作 *Freedom & Slavery Documents in the District of Columbia* 列出了科斯汀家族的大部分成员。1792 年到 1869 年的原手稿位于 Record Group 351, Records of the Government of the District of Columbia, Deed book 112, National Archives in Washington, DC。费拉

德尔菲亚、路易莎和安的奴隶释放协议是在 1807 年 6 月 13 日签署的，6 月 26 日归档。

[15] 托马斯·劳在一封未注明日期的信中谈到了他对渐进废除奴隶制的看法以及支持进行非洲殖民，参见 Thomas Law Family Papers, Box 5, Maryland Historical Society。

[16] 参见 Deed book 112, Liber R, no. 17, 1807, 签署于 May, 1, 1807, 记录于 May 5, 1807。在这份释奴文件中，有玛格丽特·科斯汀（19 岁）、路易莎（17 岁）、卡洛琳·科斯汀（15 岁）、杰迈玛·科斯汀（12 岁）、玛丽·霍姆斯（8 岁）、埃莉诺·霍姆斯（6 岁）。科斯汀一家和霍姆斯一家在这份协议中以 10 美分的价格被托马斯·劳释放了。同年，劳还释放了他们唯一的男性亲戚乔治·科斯汀。口头传说表明在玛莎·华盛顿死后不久被托马斯·劳释放的安·霍姆斯是威廉·科斯汀的母亲。关于安·霍姆斯的释放，参见 Washington, DC, Deed book, Liber H, no. 8, p. 382, National Archives。

[17] 我无法证实科斯汀有七个亲生子女（五个女儿和两个儿子）的说法。虽然科斯汀的女儿路易莎和安生来就是奴隶，但我发现有文件记录表明科斯汀的亲生女儿玛莎、弗朗西斯和哈里特以及儿子威廉 G. 生来都是自由人。我一直无法通过可靠的文献来找到他们的第二个儿子。根据威廉·科斯汀的讣告，科斯汀至少收养了四个孩子。费拉德尔菲亚·科斯汀逝于 1831 年 12 月 13 日。她的讣告出现在 1831 年 12 月 15 日的《每日国家通讯报》（*Daily National Intelligencer,* 也被称为 *National Intelligencer*）上，那一天正好是她的葬礼。费拉德尔菲亚的死亡讣告上写着她有七个孩子。

[18] 参见 1808 年 10 月 12 日伊丽莎·卡斯蒂斯给约翰·劳的信以及 1816 年 6 月 12 日艾利诺·卡斯蒂斯给威廉·科斯汀的信。

[19] 参见 *Costin v. Washington* (October 1821), Case No. 3,266, Circuit Court, District of Columbia。

[20] 参见 Rogers, *Freedom & Slavery Documents in the District of Columbia* 3:114。原始档案记录在 Liber A Z, no. 50, 1820 (23 October 1820) in Record Group 351, Records of the Government of the District of Columbia,

Deedbook 112, National Archives in Washington, DC. 利恩斯的姓氏写的是布朗宁（Brannin）而不是伯兰罕（Branham）。在正式文件中，姓氏经常被拼错或读错。

[21] 参见 1808 年 10 月 12 日伊丽莎·卡斯蒂斯给约翰·劳的信，收于 Peter Collection, Thomas Peter Box: MSSVII Papers of John Law。也可参见 1816 年 6 月 12 日艾利诺·卡斯蒂斯给威廉·科斯汀的信，收于 Peter Collection, Thomas Peter Box: MSSXI. Fred W. Smith National Library for the Study of George Washington at Mount Vernon。

[22] Rogers, *Freedom & Slavery Documents in the District of Columbia* 1:114. 1827 年 10 月 13 日科斯汀释放奥娜·福琼的文件被签署，并于 1827 年 11 月 5 日归档。这份释奴文件中提到，威廉·科斯汀"释放了他的女奴奥娜——这是一位浅肤色的黑白混血儿，大约 35 岁"。这个不同寻常的名字和年龄与贝蒂·戴维斯照顾的一个孩子相匹配，在乔治·华盛顿 1799 年的奴隶清单上列出了奥娜。奥娜·福琼是奥娜·贾奇·斯坦斯的侄女。

[23] Joseph Whipple to Oliver Wolcott Jr., 4 October 1796.

参考文献

出版和在线原始文献

Adams, John. John Adams to Abigail Adams, 23 February 1796 [电子版]。In *Adams Family Papers: An Electronic Archive*. Massachusetts Historical Society. http://www.masshist.org/digitaladams/

Bouton, Nathaniel. *Documents and Records Relating to the Province of New-Hampshire from 1692 to 1722: Being Part II of Papers Relating to That Period; Containing the "Journal of the Council and General Assembly."* Manchester, NH: John B. Clarke, State Printer, 1869.

Brewster, Charles. "Washington and Slavery: From Mrs. Kirkland's Life of Washington." *Portsmouth Journal of Literature and Politics,* 7 March 1857.

Crackel, Theodore, ed. *The Papers of George Washington Digital Edition*. Charlottesville: University of Virginia Press, Rotunda, 2007–.

Description of a Slave Ship. London, 1789. Rare Books and Special Collections, Princeton University Library. https://blogs.princeton.edu/ rarebooks/2008/05/219-years-ago-description-of-a/.

Elizabeth Van Lew Album 1845–1897. Manuscripts Collection at the Virginia Historical Society.

"Examination Days: The New York African Free School Collection." New-York Historical Society. https://www.nyhistory.org/web/africanfreeschool/#.

George Washington Papers 1741–1799: Series 4. General Correspondence. 1697–1799. The Library of Congress, Washington, DC.

Lear, Tobias. Tobias Lear to George Augustine Washington, 3 May 1789.

Lewis, Robert. "Journal of a Journey from Fredericksburg, Virginia to New York,

May 13–20, 1789." Digital Collections from George Washington's Mount Vernon.

New Hampshire Vital Statistics, Concord, NH. Ancestry.com. *New Hampshire, Death and Burial Records Index, 1654-1949* [在线数据库]。Provo, UT: Ancestry.com Operations, Inc., 2011.

Peter Family Archives, Fred W. Smith National Library for the Study of George Washington at Mount Vernon.

Quarterly Abstracts of Seamen's Protection Certificates, New York City, NY 1815–1869. National Archives and Records Administration. Washington, DC. Ancestry.com. *U.S., Seamen's Protection Certificates, 1792– 1869* [在线数据库]。Provo, UT: Ancestry.com Operations, Inc., 2010.

Records of the Government of the District of Columbia. Record Group 351. National Archives, Washington, DC.

Seaman's Protection Certificates for Portland, ME. National Archives, Washington, DC.

Thomas Law Family Papers. Collections of the Maryland Historical Society.

Town Records of Greenland, New Hampshire, 1750–1851. Greenland Town Vault, Town Hall, Greenland, New Hampshire.

The Washington Family Papers. Collections at the Library of Congress.

Washington, George. George Washington to Oliver Wolcott, 1 September 1796. Collections of the Connecticut Historical Society.

———. *The Diary of George Washington, from the first day of October 1789 to the tenth day of March, 1790.* New York: New York Public Library. https://archive.org/details/diarywashington00lossgoog.

———. *The Papers of George Washington.* Vol. 2, April–June 1789. Edited by W. W. Abbott. Charlottesville: University of Virginia Press, 1987.

Washington, Martha. Martha Washington to Frances B. Washington, 8 June 1789. Gilder Lehrman Institute of American History. http://www. gilderlehrman. org/collections/treasures-from-the-collection/marthawashington-first-lady's-grandchildren-were-her-top-.

————. Martha Washington to Fanny Bassett Washington, 23 October 1789, in Martha Washington. http://www.marthawashington.us/items/show/25.

Weld, Isaac Jr. *Travels through the States of North America and the Provinces of Upper and Lower Canada during the Years 1795, 1796, and 1797.* London, 1799.

报纸

Argus, or Greenleaf's New Daily Advertiser (New York, NY)

Claypoole's American Daily Advertiser (Philadelphia, PA)

Daily National Intelligencer (Washington, DC)

Exeter News-Letter (Portsmouth, NH)

Finlay's American Naval and Commercial Register (Philadelphia)

Granite Freeman (Concord, NH)

Oracle of the Day (Portsmouth, NH)

Liberator (Boston, MA)

Minerva (New York, NY)

New-Hampshire Gazette (Portsmouth, NH)

New York Journal

Pennsylvania Freeman (Philadelphia)

Pennsylvania Gazette (Philadelphia)

Philadelphia (PA) Gazette (Federal Gazette)

Portsmouth (NH) Journal

已出版二手资料

Adams, Catherine, and Elizabeth H. Pleck. *Love of Freedom: Black Women in Colonial and Revolutionary New England.* Oxford: Oxford University Press, 2010.

Alexander, Leslie M. *African or American?: Black Identity and Political Activism in New York City, 1784–1861.* Urbana: University of Illinois Press, 2008.

Baker, William Spohn. *Washington after the Revolution; 1784–1799.* Philadelphia:

n.p., 1897.

Barratt, Carrie Rebora, Gilbert Stuart, and Ellen Gross Miles. *Gilbert Stuart.* New York: Metropolitan Museum of Art, 2004.

Berlin, Ira. *Many Thousands Gone: The First Two Centuries of Slavery in North America.* Cambridge: Harvard University Press, 2000.

Berry, Daina Ramey. *"Swing the Sickle for the Harvest Is Ripe": Gender and Slavery in Antebellum Georgia.* Urbana: University of Illinois Press, 2007.

Blanton, Wyndham. "Washington's Medical Knowledge and Its Sources."*Annals of Medical History* 4.932 (1932): 52–61. Web.

Blassingame, John W. *The Slave Community: Plantation Life in the Antebellum South.* New York: Oxford University Press, 1972.

Block, Sharon. *Rape and Sexual Power in Early America.* Chapel Hill: The University of North Carolina Press, 2006.

Blockson, Charles L. "Patriot, White House Steward and Restaurateur Par Excellence." 20 November 2014. http://library.temple.edu/collections/blockson/fraunces. Web.

Bolster, W. Jeffrey. *Black Jacks: African American Seamen in the Age of Sail.* Cambridge, MA: Harvard University Press, 1997.

Brady, Patricia. *Martha Washington: An American Life.* New York: Viking, 2005.

Brighton, Ray. *The Checkered Career of Tobias Lear.* Portsmouth, NH: Portsmouth Marine Society, 1985.

Brookhiser, Richard. *James Madison.* New York: Basic, 2011.

Brown, Letitia Woods. *Free Negroes in the District of Columbia, 1790–1846.* New York: Oxford University Press, 1972.

Brown, Letitia Woods. "Residence Patterns of Negroes in the District of Columbia, 1800–1860." In *Records of the Columbia Historical Society.* Vol. 47. Washington, DC: Columbia Historical Society, 1971.

Brown, Warren. *History of the Town of Hampton Falls, New Hampshire: From the Time of the First Settlement Within Its Borders, 1640 until 1900.* Manchester, NH: John B. Clarke, 1900.

Bryan, Helen. *Martha Washington: First Lady of Liberty*. New Jersey: Wiley, 2002.

Callcott, Margaret Law. *Mistress of Riversdale: The Plantation Letters of Rosalie Stier Calvert*. Baltimore: Johns Hopkins, 1992.

Camp, Stephanie M. H. *Closer to Freedom: Enslaved Women and Everyday Resistance in the Plantation South*. Chapel Hill: The University of North Carolina Press, 2004.

Carretta, Vincent. *Phillis Wheatley: Biography of a Genius in Bondage*. Athens, GA: University of Georgia Press, 2011.

Chernow, Ron. *Washington: A Life*. New York: Penguin, 2010.

Clark, Christopher. *The Roots of Rural Capitalism: Western Massachusetts, 1780–1860*. Ithaca: Cornell University Press, 1990.

Craft, William, and Ellen Craft. *Running a Thousand Miles for Freedom*. New York: Arno, 1969.

Crosby, Molly Caldwell. *The American Plague: The Untold Story of Yellow Fever, the Epidemic That Shaped Our History*. New York: Berkley, 2006.

Cunningham, Valerie. "The First Blacks of Portsmouth." *Historical New Hampshire* 41, no. 4 (Winter 1989). Web.

Dabel, Jane E. *A Respectable Woman: The Public Roles of African American Women in 19th-Century New York*. New York: New York University Press, 2008.

Decatur, Stephen, and Tobias Lear. *Private Affairs of George Washington, from the Records and Accounts of Tobias Lear, Esquire, His Secretary*. Boston: Houghton Mifflin, 1933.

Douglass, William. *Annals of the First African Church, in the United States of America Now Styled the African Episcopal Church of St. Thomas, Philadelphia, in Its Connection with the Early Struggles of the Colored People to Improve Their Condition, with the Co-operation of the Friends, and Other Philanthropists ; Partly Derived from the Minutes of a Beneficial Society, Established by Absalom Jones, Richard Allen and Others, in 1787, and*

Partly from the Minutes of the Aforesaid Church. Philadelphia: King & Baird, Printers, 1862.

Dunbar, Erica Armstrong. *A Fragile Freedom: African American Women and Emancipation in the Antebellum City.* New Haven: Yale University Press, 2008.

Egerton, Douglas R. *Death or Liberty: African Americans and Revolutionary America.* Oxford: Oxford University Press, 2009.

———. *Gabriel's Rebellion: The Virginia Slave Conspiracies of 1800 and 1802.* Chapel Hill: The University of North Carolina Press, 1993.

———. *He Shall Go Out Free: The Lives of Denmark Vesey.* Lanham, MD: Rowman & Littlefield, 2004.

Ellis, Joseph J. *American Creation: Triumphs and Tragedies at the Founding of the Republic.* New York: Alfred A. Knopf, 2007.

Fields, Joseph E. *Worthy Partner: The Papers of Martha Washington.* Westport, CT: Greenwood, 1994.

Finkelman, Paul. *Slavery and the Founders: Race and Liberty in the Age of Jefferson.* Armonk, NY: M. E. Sharpe, 1996.

First Census of the United States, 1790: Records of the State Enumerations, 1782 to 1785: Virginia. Spartanburg, SC: Reprint, 1974.

Fitzpatrick, John C. *The Writings of George Washington: From the Original Manuscript Sources 1745–1799.* Washington, DC: United States Government Printing Office, 1931.

Flexner, James Thomas. *George Washington.* Boston: Little, Brown, 1972.

"Founders Online: *Washington's Slave List, June 1799.*" Washington's Slave List, June 1799. 15 June 2015. http://founders.archives.gov/documents/Washington/06-04-02-0405.

Freeman, Douglas Southall. *George Washington: A Biography.* 7 vols. New York: Charles Scribner's Sons, 1948–1957. 第 7 卷由 John A. Caroll and Mary Wells Ashworth 完成。Furstenburg, Francois. *In the Name of the Father: Washington's Legacy, Slavery, and the Making of a Nation.* New York: Penguin Books, 2006.

Galenson, David W. "The Rise and Fall of Indentured Servitude in the Americas: An Economic Analysis." *The Journal of Economic History* 44.01 (1984): 1. Web.

Gerson, Evelyn B. "A Thirst for Complete Freedom: Why Fugitive Slave Ona Judge Staines Never Returned to Her Master, President George Washington."Thesis. Harvard University,

Girard, Philippe R. *The Slaves Who Defeated Napoleon: Toussaint Louverture and the Haitian War of Independence, 1801–1804*. Tuscaloosa: The University of Alabama Press, 2011.

Grizzard, Frank E. *George Washington: A Biographical Companion*. Santa Barbara, CA: ABC-CLIO, 2002.

Harris, Leslie M. *In the Shadow of Slavery: African Americans in New York City, 1626–1863*. Chicago: University of Chicago Press, 2003.

Harvey, Tamara, and Greg O'Brien, eds. *George Washington's South*. Gainesville: University Press of Florida, 2004.

Heads of Families at the First Census of the United States, Taken in the Year 1790: New Hampshire. Spartanburg, SC: Reprint, 1964.

Heads of Families at the First Census of the United States Taken in the Year. 1790; Records of the State Enumerations: 1782–1785, Virginia. Baltimore: Genealogical Pub., 1970.

Herbert, Catherine A. "The French Element in Pennsylvania in the 1790s: The Francophone Immigrants' Impact." *Pennsylvania Magazine of History and Biography* 108 (1984): 451–470. Web.

Hirschfeld, Fritz. *George Washington and Slavery: A Documentary Portrayal*. Columbia: University of Missouri, 1997.

Hodges, Graham Russell. *Root & Branch: African Americans in New York and East Jersey, 1613–1863*. Chapel Hill: The University of North Carolina Press, 1999.

Hoffman, Henry B. "President Washington's Cherry Street Residence." *The New York Historical Society Quarterly Bulletin* 23 (1939): 90–103.

Hunter, Tera W. *To 'Joy My Freedom: Southern Black Women's Lives and Labors after the Civil War.* Cambridge, MA: Harvard University Press, 1997.

Jacobs, Harriet A., John S. Jacobs, and Jean Fagan Yellin. *Incidents in the Life of a Slave Girl: Written by Herself, Now with "A True Tale of Slavery" by John S. Jacobs.* Cambridge, MA: Belknap, 2009.

Jones, Jacqueline. *Labor of Love, Labor of Sorrow: Black Women, Work, and the Family from Slavery to the Present.* New York: Basic, 1985.

Kaminski, John P., and Jill Adair McCaughan. *A Great and Good Man: George Washington in the Eyes of His Contemporaries.* Madison, WI: Madison House, 1989.

Kelly, Catherine E. *In the New England Fashion: Reshaping Women's Lives in the Nineteenth Century.* Ithaca, NY: Cornell University Press, 1999.

Kirkland, Caroline M. *Memoirs of Washington.* New York: D. Appleton, 1857.

Klepp, Susan. "Seasoning and Society: Racial Differences in Mortality in Eighteenth-Century Philadelphia." *William and Mary Quarterly* 51 (1994): 473–506. Web.

Knox, J. H. Mason, Jr. "The Medical History of George Washington, His Physicians, Friends, and Advisers." *Bulletin of the Institute of the History of Medicine* 1 (1933): 174–191. Web.

Lawler, Edward, Jr. "The President's House in Philadelphia: The Rediscovery of a Lost Landmark." *Pennsylvania Magazine of History and Biography* 126, no.1 (2002): 5–95. Web.

Lossing, Benson John. *Martha Washington.* New York: J. C. Buttre, 1865.

Lyons, Clare A. *Sex among the Rabble: An Intimate History of Gender & Power in the Age of Revolution, Philadelphia, 1730–1830.* Chapel Hill: Published for the Omohundro Institute of Early American History and Culture, Williamsburg, Virginia, by the University of North Carolina Press, 2006.

Married Women and the Law. Coverture in England and the Common Law World. Montreal: McGill-Queen's University Press, 2013.

Matthaei, Julie A. *An Economic History of Women in America: Women's Work, the Sexual Division of Labor, and the Development of Capitalism.* New York: Schocken, 1982.

McCullough, David G. *John Adams.* New York: Simon & Schuster, 2001.

McHenry, Elizabeth. *Forgotten Readers: Recovering the Lost History of African American Literary Societies.* Durham: Duke University Press, 2002.

McManus, Edgar J. *Black Bondage in the North.* Syracuse, NY: Syracuse University Press, 1973.

Melish, Joanne Pope. *Disowning Slavery: Gradual Emancipation and "Race" in New England, 1780–1860.* Ithaca: Cornell University Press, 1998.

Moore, Lindsay. "Women and Property Litigation in Seventeenth-Century England and North America." In *Married Women and the Law: Coverture in England and the Common Law World,* edited by Tim Stretton and K. J. Kesselring. Canada: McGill-Queen's University Press, 2013.

Morgan, Jennifer L. *Laboring Women: Reproduction and Gender in New World Slavery.* Philadelphia: University of Pennsylvania Press, 2004.

Morgan, Philip D., and Michael L. Nicholls. "Slave Flight: Mount Vernon, Virginia, and the Wider Atlantic World." In *George Washington's South,* edited by Tamara Harvey and Greg O'Brien, 199–222. Gainesville: University Press of Florida, 2004.

Morgan, Philip. "'To Get Quit of Negroes': George Washington and Slavery." *Journal of American Studies* 39.3 (2005): 403–429. Web.

Nash, Gary B., and Jean R. Soderlund. *Freedom by Degrees: Emancipation in Pennsylvania and Its Aftermath.* New York: Oxford University Press, 1991.

———. *First City: Philadelphia and the Forging of Historical Memory.* Philadelphia: University of Pennsylvania Press, 2002.

———. *Forging Freedom: The Formation of Philadelphia's Black Community, 1720–1840.* Cambridge, MA: Harvard University Press, 1988.

———. *The Forgotten Fifth: African Americans in the Age of Revolution.* Cambridge, MA: Harvard University Press, 2006.

Nelson, Charles B. *History of Stratham, New Hampshire, 1631–1900.*

Somersworth, NH: New Hampshire Publishing Company, 1965.

Newman, Richard S. *Freedom's Prophet: Bishop Richard Allen, the AME Church, and the Black Founding Fathers.* New York: New York University Press, 2008.

Ohline, Howard A. "Slavery, Economics, and Congressional Politics." In *Establishing the New Regime: The Washington Administration,* edited by Peter Onuf. New York: Routledge, 1991. 335–360. "Our House? The President's House at Independence National Historical Park." *The Pennsylvania Magazine of History and Biography* 135.2 (2011): 191–197.

Pawley, Christine. *Reading Places: Literacy, Democracy, and the Public Library in Cold War America.* Amherst: University of Massachusetts Press, 2010.

"Philadelphia Household Account Book, 1793–1797." *Pennsylvania Magazine of History and Biography* 30.3 (1906): 47–48. Web.

Piersen, William Dillon. *Black Yankees: The Development of an Afro-American Subculture in Eighteenth-Century New England.* Amherst: University of Massachusetts Press, 1988.

Powell, J. H. *Bring Out Your Dead; the Great Plague of Yellow Fever in Philadelphia in 1793.* Edited by J. Kenneth Foster, Mary F. Jenkins, and Anna Coxe Toogood. Philadelphia: University of Pennsylvania Press, 1949.

Prussing, Eugene Ernst. *The Estate of George Washington, Deceased.* Boston: Little, Brown, 1927.

Puckett, Newbell Niles, and Murray Heller. *Black Names in America: Origins and Usage.* Boston: G. K. Hall, 1975.

Quarles, Benjamin. *The Negro in the Making of America.* New York: Collier, 1969.

Ribblett, David L. *Nelly Custis: Child of Mount Vernon.* Mount Vernon, VA: Mount Vernon Ladies' Association, 1993.

Rice, Kym. *A Documentary History of Fraunces Tavern: The 18th Century.* New York: Fraunces Tavern Museum, 1985.

Riley, Edward M. "Philadelphia, The Nation's Capital, 1790–1800." *Pennsylvania History* 20.4 (1953): 357–379. Web.

Rogers, Helen Hoban. *Freedom & Slavery Documents in the District of Columbia.*

Baltimore: Published for the Author by Gateway, 2007.

Rothman, Adam. *Slave Country: American Expansion and the Origins of the Deep South.* Cambridge, MA: Harvard University Press, 2005.

Sammons, Mark J., and Valerie Cunningham. *Black Portsmouth: Three Centuries of African-American Heritage.* Durham: University of New Hampshire Press, 2004.

Sawyer, Roland D. "New Hampshire Pioneers of Religious Liberty: Rev. Elias Smith of Portsmouth, New. Hampshire's Theodore Parker." In *The Granite Monthly: A New Hampshire Magazine Devoted to History, Biography, and State Progress.* Concord, NH, 1918.

Schwartz, Marie Jenkins. *Born in Bondage: Growing up Enslaved in the Antebellum South.* Cambridge, MA: Harvard University Press, 2000.

Schwartz, Philip J., ed. *Slavery at the Home of George Washington.* Mount Vernon, VA: The Mount Vernon Ladies' Association, 2001.

Smith, Billy, and Richard Wojtowicz. *Blacks Who Stole Themselves: Advertisements for Runaways in the Pennsylvania Gazette, 1728–1790.* Philadelphia: University of Pennsylvania Press, 1989.

Smith, Billy G. *The "Lower Sort": Philadelphia's Laboring People, 1750–1800.* Ithaca, NY: Cornell University Press, 1990.

Thane, Elswyth. *Mount Vernon Family.* New York: Crowell-Collier, 1968.

Thompson, Mary V. "Control and Resistance: A Study of George Washington and Slavery." The Historical Society of Western Pennsylvania. Oct. 2000. Lecture.

Ulrich, Laurel Thatcher. *The Age of Homespun: Objects and Stories in the Creation of an American Myth.* New York: Knopf, 2001.

———. *A Midwife's Tale: The Life of Martha Ballard, Based on Her Diary, 1785–1812.* New York: Knopf, 1990.

United States. *Proceedings and Debates of the House of Representatives of the United States at the Second Session of the Second Congress, Begun at the City of Philadelphia, November 5, 1792. "Annals of Congress, 2nd Congress, 2nd Session (November 5, 1792 to March 2, 1793),"* 2nd Cong., 2nd sess.

Cong. Rept., 1414–1415. Web. Mar. 2014. http://memory. loc.gov/cgi-bin/ ampage?collId=llac&fileName=003/llac003.db&rec-Num=702.

Waldstreicher, David. *Runaway America: Benjamin Franklin, Slavery, and the American Revolution.* New York: Hill and Wang, 2004.

Waldstreicher, David. "The Wheatleyan Moment." *Early American Studies Early American Studies: An Interdisciplinary Journal* 9.3 (2011): 522–551. Web.

Washington, George, *The Diaries of George Washington.* Edited by Donald Jackson and Dorothy Twohig. Vol. 6. Charlottesville: University of Virginia Press, 1976.

Washington, George. *George Washington's Diaries: An Abridgement.* Edited by Dorothy Twohig. Charlottesville: University of Virginia Press, 1999.

"Washington's Household Account Book 1793–1797." *Pennsylvania Magazine of History and Biography* 31 (1907): 142. Web.

Weld, Isaac. *Travels through the States of North America and the Provinces of Upper and Lower Canada during the Years 1795, 1796, and 1797.* London: Printed for John Stockdale, 1799.

Wharton, Anne H. "Washington's New York Residence in 1789." *Lippincott's Monthly Magazine* 43 (1889): 741–745. Web.

Whipple, Blaine. *History and Genealogy of "Elder" John Whipple of Ipswich, Massachusetts: His English Ancestors and American Descendants.* Victoria, BC: Trafford, 2003.

White, Ashli. *Encountering Revolution: Haiti and the Making of the Early Republic.* Baltimore: Johns Hopkins University Press, 2010.

White, Deborah G. *Ar'n't I a Woman?: Female Slaves in the Plantation South.* New York: Norton, 1985.

White, Shane. *Somewhat More Independent: The End of Slavery in New York City, 1770–1810.* Athens: University of Georgia Press, 1991.

Whitman, T. Stephen. *The Price of Freedom: Slavery and Manumission in Baltimore and Early National Maryland.* Lexington, KY: University Press of Kentucky, 1997.

Wiencek, Henry. *An Imperfect God: George Washington, His Slaves, and the Creation of America.* New York: Farrar, Straus and Giroux, 2003.

Williams, Heather Andrea. *Self-Taught: African American Education in Slavery and Freedom.* Chapel Hill: The University of North Carolina Press, 2005.

Wong, Edlie L. *Neither Fugitive nor Free: Atlantic Slavery, Freedom Suits, and the Legal Culture of Travel.* New York: New York University Press, 2009.

Wood, Betty. *Slavery in Colonial America, 1619–1776.* Lanham, MD: Rowman & Littlefield, 2005.

Wood, Gordon S. *Revolutionary Characters: What Made the Founders Different.* New York: Penguin Books, 2007.

图片来源

第一章　乔治·华盛顿的奴隶清单，1799 年。弗农山庄女士协会提供。

第二章　古塞佩·吉迪奇尼，《华盛顿总统宣誓就职，联邦大厅，1789 年》，1812—1868；1839，麻布油画，521/2×72，纽约历史协会。纽约历史协会收藏提供。

第三章　"纽约奴隶出售"，朔姆堡黑人文化研究中心，照片和版画部，纽约公共图书馆（1789-03-30）。

第四章　《费城高街上华盛顿的住所》，威廉·布雷顿的石版画，选自约翰·范宁的《费城年鉴》（1830）。费城图书馆公司。

第五章　宾州废奴协会徽标，宾州历史协会。

第六章　费城第一个黑人卫理公会教堂，朔姆堡黑人文化研究中心，手稿，档案与善本部，纽约公共图书馆。1910。

第七章　伊丽莎白·"贝齐"·帕克·卡斯蒂斯，Miriam 和 Ira D. Wallach 艺术、印刷和照片部提供；印刷收藏，纽约公共图书馆。

第八章　克莱普尔的《美国每日广告报》刊登的有关奥娜·贾奇逃跑的广告，宾州历史协会提供。

第九章　1796 年 5 月 17 日的《费城公报和环球每日广告》，费城图书馆公司提供。

第十章　《兰登州长府邸》，纽约公共图书馆数字收藏提供。

第十一章　新罕布什尔州朴次茅斯市的市集广场，选自《格里森客厅图片指南》，费城图书馆公司提供。

第十二章　1797 年 1 月 14 日的《新罕布什尔公报》，新罕布什尔州历史协会
　　　　　提供。

第十三章　托马斯·阿奇博尔德：《华盛顿的逃奴》，《花岗岩自由人》，新罕布
　　　　　什尔州历史协会提供。

尾　　声　《1800 年的华盛顿特区》，国会图书馆提供。